お客様、閉店です。

今ここから始まる新創開店

内野　幸夫

もくじ

第3章 ライフスタイル別の消費行動 ～見えない消費者と小売業の制度疲労

第4章 「消費文化維新」の時代 ～生き残りの条件と対応

第5章　世界を相手にする小売業 ～持つべき視点と機能

第6章　良質な消費文化をつなぐために　～注目企業トップと語る未来図

序章　静かなる「消費維新」の幕開け

「カジュアル化」する価値観

欲しいモノがない商業施設

現在の大型商業施設からは、百貨店を筆頭に大型総合スーパー、郊外型総合小売業（GMS）のどれをとっても好調という話が聞こえてきません。

三井不動産が威信をかけてオープンした日本橋の再開発ビル群も、土日の観光客相手には評判が良いものの、平日の売り上げは厳しいのが現状のようです。東急不動産が鳴り物入りで大規模開発した「ライズ二子玉川」も楽天本社が移転したことと、カルチュア・コンビニエンス・クラブによる本と家電のミックス新業態が話題になったぐらいです。新宿ルミネの「ニュウマン」や「東急プラザ銀座」も、初日から大混雑したという話は聞きません。広域からの集客が継続的にでき、話題も取れ、実売り上げも予算を達成しているという施設は、残念ながら見当たらない状況です。

また、ここ数年のリニューアルを見渡しても、成功したと言えるものがあるでしょうか。残念ながら、ほとんどないと言ってよいでしょう。開店景気はそれなりにあり、多少のニュースにもなりますが、長続きしないのです。今一番話題があり集客できるのが築地の魚河岸か、集客を意識して造られた特徴ある高速道路のサービスエリア（ＳＡ）くらいしかないということに、何とも言えない時代の流れを感じます。魚河岸にもＳＡにも共通するキーワードは「わざわざ行く『食』」ですが、ここ数年、社会的に話題となり、集客できるアイテムは「食」しかありませんでした。２００６年の映画「うどん」を皮切りに、ドーナッツやバウムクーヘンなどのスイーツから、パンケーキに酵素ジュース、大間のマグロに熟成肉と、消費者に受けたのはすべて食でした。それ以外では見当たらないのです。

なぜ最新の商業施設は消費者を集められないのでしょうか。観光客や見て歩いているだけで購買しないリュック族（60歳以上のリタイア組）以外の一般消費者は、なぜ来店せず、購買しないのでしょう。いつの時代も新しい商業施設には、時代を感じられる新ブランドのショップや新規のサービス機能、新しいソフトの導入などが不可欠ですが、最新の施設は「日本初」と謳（うた）ったブランドがいくつも導入されても、消費者の興味を引き、顧客を継続して集められていません。現在の、規模を誇り、何でもあるという広くて浅い総花的な総合品揃え型では集客ができていないのです。ファッションブランドをいくら集めて並べても、集客できないのです。駅ビルだからといって常勝将軍ではなくなっています。専門店やファッションビルも同様で、ターゲットの同じ似通ったブランドをいくら集積しても、消費者は集まらなくなっていて、いくら「日本初」「最新」と謳っても踊らないのです。

　消費者は、これら商業施設に集積されたブランドが気に入らないのでしょうか。長く続く先が見えない景気の悪さが原因なのでしょうか。それとも、消費者が消費に疲れてしまったせいなのでしょうか。バブル崩壊、それに続くリーマンショック、その後は戦後初めてのデフレを経験した消費者が、「消費する」という行為自体に慎重になっていることは否めません。企業も戦後未曾有の利益を計上しながら、長く続いている不況感から脱し切れず、利益を内部留保に回し、思い切った設備投資や数年来引き上げられなかった給与を社員に還元することすらためらっている状況です。

　このような経済状況下では、人々は消費に慎重になり、モノを買うことに対して躊躇（ちゅうちょ）せざるを得ないということは容易に想像がつきます。しかし、「収入が増えないから買えない」「円安で輸入品が今は高い」といったことが、本当にモノが売れていない理由なのでしょうか。確かに部分的には当たっていると思われますが、根本的な理由ではないと思います。

なぜなら、約300兆円という消費総額は今も昔も大きく変動していませんし、低価格商品のみが売れているというわけでもないからです。ユニクロを代表とする低価格商品群の拡大も止まってはいませんが、1億円を超える都心のマンションは高い順にすぐに売れてしまいますし、高級輸入車も順調に売り上げを伸ばしています。

円安が株価を押し上げ、一部の富裕層がひと息ついていることは間違いないでしょうが、一般の消費者も低価格商品のみで生活しているというわけではないのです。「ただ安ければよい」というのも当てはまりません。旅行も安いバスツアーから、乗ること自体が目的の夜行寝台特急まで活況を呈していて、一時の「安・近・短」ではなく、世界一周豪華客船も募集をすればすぐに満杯になります。マクドナルドの閉店は続いていますが、3千円のハンバーガーショップは2時間待ちです。

ネットの伸長が既存小売業の売り上げを奪っていることは事実です。しかしネット関連で売り上げが最も大きいのはネット事業者＝プラットフォーム提供者で、そのプラットフォーム上で販売を行っている企業の中で「ぼろ儲け」している企業はアマゾンぐらいしか聞こえてきません。

値段が高くても安くても、「価格が問題で売り上げが左右されている状況」ではないのです。単純な「価格の2極化」ではないことは明白です。にもかかわらず、基本的にはどの小売業種も「売り上げ不振で苦しい」と言います。既存の商業施設は軒並み集客に苦労しています。ごく一部の業種や企業以外は売り上げ予算の確保どころか、前年維持すら困難なのです。これはなぜなのでしょう。経済状況以外に何か原因があるのではないでしょうか。その原因は単純です。商業施設に「消費者が欲しいモノがない」の一言に尽きるのです。

笛を吹けど踊らない消費者

これまでにもモノが売れない時代はありました。バブル崩壊直後やリーマンショック後も、一時的には大幅に売り上げが減少しました。しかし今ほどモノが売れない時代は経験したことがありません。かつては景気が良ければ高級品が、景気が悪ければそれなりに低価格商品が売れ、またどんな景気にもかかわらず販売総量のパイは変わらず、ある部分の販売量が減れば、逆に売り上げを伸ばす小売業種があったものです。

どんな時代でも今までは「流行」があり、人々は「新製品だから」「安いから」と何かと理由をつけ、消費を楽しんできました。暮らしに不必要と分かっていて、買うことに何となく後ろめたさを感じながらも、自分を納得させ消費をしていたのです。これを「言い訳消費」と言います。景気が悪いからといって、消費者は決して「実用品」だけを消費していたわけではないのです。また、どんな不況下で売り上げが減少しても「景気さえ回復すれば元通りになる」と言われ続け、実際、その通りに回復していました。

そして、１９７０年代中頃の高度経済成長期の終わりに、景気の停滞とともに新しい消費スタイルが出現しました。「ライフスタイル」という言葉がもてはやされ、「モーレツ」な急成長志向から「のんびりいこう」へと消費者の意識が大きく変化し始めたのです。新しいモノ、より高級なモノへと「モノ寄り」のみだった日本人の消費スタイルに、初めて「コト寄り」のニーズが登場しました。新しい「コトを楽しむ生活スタイル」への期待が大きく膨らむと同時に、消費の奥行きよりも幅が拡大したのです。今の消費スタイルの原点であり、成熟社会の到来でもありました。流行を追かけるだけの消費から、余裕を楽しむ消費へと変わり始めたのです。ＪＲが仕掛けた「ディスカバージャパン」は一大ムーブメントとなり、美しい日本の再発見の旅は、単なる旅行から消費者の生活自体を見直すきっかけになったと言ってても過言ではないでしょう。モノを持つ消費からコトを体感する消費へと、ニーズが大きく変わった瞬間でした。

モノがなかった時代に始まった戦後消費文化は、モノを所有することに始まり、次いでモノを消費すること自体が目的化されました。三種の神器に始まり、生活が豊かになるのに伴って、常に新しいモノや豪華で高級なモノを次々と買い続け、今や家の中にはないモノがないぐらいにモノで溢れ返っています。常に新しいモノを追いかけ続け、世の中にモノが溢れ、新開発の商品も出尽くすと、人々はモノやコトに飽きてモノが売れなくなると言われましたが、それでもモノやコトは売れていたのです。86〜91年のバブル期でもサブプライムローン問題に端を発した08年のリーマンショック下でも、この消費傾向は大きくは変わりませんでした。日本人の高級品志向やブランド好きは継続していたのです。

小売り側もモノ溢れの状況下でモノを売り込むために、今度は生活を豊かにするべく「ブランド」をキーワードに輸入品を一挙に広めたり、「ライフスタイル」を合言葉として「スローライフ」や「自然回帰」などをテーマに掲げ、旅行やイベント山盛りの体験型消費を大きく取り上げたり、その関連商材の販売に血道を上げげました。消費の中身自体も2極分化と言われ、より安いか、付加価値をつけてブランド化した高級化か、両極へと消費者の興味と選択肢は広がり、その結果として消費は続きました。しかし、従来とは大きく異なる傾向が確実に芽生え、成長し始めていたのです。それは何なのでしょうか。

全員が同じ方向性のモノを望むのではなく、消費者の個性化によって消費に顕著な多様性が出てきたのです。そして消費者ニーズはいくつかの塊へと分裂を始め、それはさらなる分裂へと動き始めました。「画一的消費」から「消費者ニーズの分散化」へのシフトの始まりでした。そして、アイテム的にはモノ以外にコトも大きく消費対象として拡大していったのです。そのため、消費文化は別の意味で花が咲くほど多種多様な商品の生産を促し、コト寄りの商品である旅行や趣味のアイテムが一挙に広がり、それも価格帯からテイストの幅まで多種多様なニーズに応えられるようにするために数多くの商品が生産されました。その結果、ファッションから飲食、家具から生活雑貨までありとあらゆるアイテムやブランドが百花繚乱の如く出ては消え、消えては新しいモノが出てきたのです。

しかし、分散化し多様化した消費者ニーズは、小売業にとってとても厄介なものとなりました。大きな塊として消費者が存在したならば、そこに目がけて物づくりや販促をすれば大きな売り上げを期待できましたが、小さな塊と化した消費者ニーズは小売りやメーカーにとって非常につかみにくく、一定規模の売り上げをつくることが難しくなってしまったのです。物づくりに際しても大量生産・大量販売によってコスト削減を果たし、販売員経費や宣伝経費を賄(まかな)ってきた小売業の仕組みを、多品種少量生産は根幹から揺るがしました。

さらに悪いことに、各々の消費者群で売れる商品量が大幅に減るとともに、消費者側から見ると、欲しい商品と販売される商品にズレを感じることが多くなってしまったのです。いくら多品種を小売業が発信しても、消費者ニーズの分裂・変化の速度に対応することは徐々に困難になってしまい、消費者は小売業が展開する商品に次第に反応しなくなっていきました。それでも現在よりはまだまだ消費者の塊は大きく、そのニーズもつかみやすかったと言えるでしょう。流行発信力はまだまだ小売業やメーカーの側にあったのです。

しかし、時代が進むにつれて、消費者ニーズの多様化はとどまることを知らず、さらに加速・拡散を続け、従来のやり方ではその変化を確実につかんで対応することは不可能になってしまいました。特に大型小売業は「何でもあります」という大まかなＭＤ政策に依存し、細かい消費者ニーズの分析と対策を怠りました。それが現在の不振の根本原因と言えるでしょう。今日、消費者が「欲しいモノがない」理由の一端がここにあります。

消費者が望むモノが、単に流行だとか、安いだとか、そういったモノ自体ではないことは間違いありません。ユニクロは好調ですし、ラグジュアリーも健在ですが、バブル崩壊から二十数年を経て消費者は確実に進化し、消費に対する意識がまったく変わったのです。

メーカーやマスコミに踊らされた流行やトレンドではなく、自然発生的な自然回帰や、生活における収入や出世以外の人生を豊かにするという価値観が確実に育ってきています。単なるモノ離れではなく、消費者自身が山ほどある情報と商品の中から、自分に合った、自分が望む、自分らしさを表現できる、自分らしい生活を探し始めたのです。「他人と同じ」が価値基準であった時代から、消費者はまさに成熟化に入ったと言えます。自分で消費の価値を見極め、自分の基準で消費を行い始めたのです。結果、「流行」と言える商品が縮小、減少することは必然となりました。小売業が提供する情報だけに共感する消費者の塊は、これからも縮小の一途を辿ることになるでしょう。

魔法の杖、「ネット」の出現

その理由の一つに、消費者を取り巻く環境が大きく変わったことが挙げられます。インターネットの普及です。従来とは比較にならない情報量を手にすることができるようになりました。それも与えられるだけでなく、消費者が自ら欲しい情報を探しに行けるのです。ネット上で欲しい商品を簡単に検索できるので、現場に来てから商品を探すのではなく、欲しい商品を事前に探し、色やサイズ、価格を選び、売っている場所も調べたうえで店舗に購入しに行くという消費行動が若い人を中心に定着しました。百貨店に行ってから商品をよく知らない不親切な販売員に自分が探している商品はどこで売っているかを聞き、あちこち歩かされてやっとのこと見つけて買えれば幸い、お取り寄せにでもなったら最悪な気分で引き上げなければならないこともしばしばという状態では、消費者は賢くならざるを得ず、自己防衛を当然行うのです。買い物は楽しみではなく、苦痛でさえあるという人が増えているのは当然の帰結です。だから現在は、わざわざ店舗に行くことすらしなくなったのです。

さらに、いつでも欲しいモノが探せて買えるようになると、消費者は他人と同じ「流行」に意識を向けるより、本当に自分が欲するモノやコトに目が向くようになったのは自然の成り行きでした。いつでも手に入るモノを他人と競って焦って手に入れて後悔するより、自分自身の生活自体を見直すようになり、自身が本当に望むモノを探し始めたのです。ある人にとってそれは自己表現としてのモノ、ある人にとっては癒しを与えてくれるコトであったりします。つまり、消費者のニーズは分散していったのです。もはや売り手が主役の品揃えでは決して満足しないレベルにまで進行し、消費者自身が「自分は何が欲しいのか」をはっきりと理解することになったのです。消費の質が大きく変わった瞬間でした。

それまで、モノの消費は生産者側および小売り側が販売主導権を握っていましたが、ネットの出現で逆転し、消費者は時間的・距離的・価格的制約を受けずに消費できるようになりました。24時間、どこからでも買い物ができるようになり、しかもネット上では複数の価格が存在し、新品から中古品、ギフト使用から自家使用まであらゆる状態の同一商品を買えるようになりました。まさに消費者が望むモノが簡単に手に入るようになったのです。

ネット上に展開されている商品量は現在、どの大型百貨店や他のどんなに巨大な商業施設でも太刀打ちできません。その膨大な展開商品量は優に大型百貨店の1千倍近い規模なのです。しかも今日、どんな消費者ニーズにも対応すべく、ネットの展開商品量は拡大を続けています。ネットはかつての夢の国「百貨店」のお株をわずか十数年で奪う革命をなし遂げました。ネットを無視した販売方法は成立し得ないほどの影響力を持っています。

ネットによる「買いモノ革命」は消費を大きく変え、これからも変え続けていくことは間違いありません。消費者は「魔法の杖」を手に入れたのです。売り手側が売りたい商品を揃え、膨大な量の宣伝広告によって、消費者に「これを買え」とばかりに常に「新しいモノ」を提供し続け、消費者を縛ってきた時代は終わりを告げました。消費者が欲しいモノではなく、「小売業が売りたい商品こそ、消費者が求めているモノ」という一方的な錯覚から、消費者は目を覚ましたのです。限られた情報を一方的に大量に流すことによって、消費者に「これが必要だ、これが欲しい」と思わせ、あたかも自由意思で選択したかのように思い込ませて消費させた手法に、終わりがきたのです。

ネットが消費者の「消費意識」までも変化させたのはある意味必然でもありました。消費者が未成熟な時代には、みんなが持っていて自分が持っていないことは恥ずかしいと感じる人が数多く存在しました。それに対して成熟社会に入った消費者は、ネットによって無尽の情報を得ることができるようになり、誰もが手にすることができる商品には興味が次第に薄れ、自分しか興味が湧かない、あるいは自分しか理解できない、言い換えれば自分の趣味の領域に近い消費を自分のみで楽しむことが当たり前になっていったのです。

現在、店頭で普通に販売されている商品のうちネットで買えない商品はなく、もはやネットが商品購入の一般的基準となりつつあります。昔見た「怪傑ハリマオ」のＤＶＤも、75年に製造中止されたジャガー・Ｅタイプも、探せない商品はなくなったのですから。

ネットの機能とサービスは進化し、従来の百貨店がなし得なかった即日配送すら実現しています。中国のアリババグループは11月11日を「シングルデー（独身の日）」と設定し、当日1日で1兆7500億円（15年度）を売り上げ、16年度は2兆円を目指しています。日本の年間ネット総売り上げは2兆7千億円ですから、その65％を1日で売ってしまう計算になります。アリババの年間売上高は32兆7千億円にも上ります。アマゾンは11兆円（全世界）。日本国内では8500億円。ちなみに楽天は6千億円）です。日本の百貨店で最大のネット売り上げを誇る三越伊勢丹が114億円（16年度）ですから、世界の趨勢と比較すると大人と赤ん坊ぐらいの差がついてしまっています。

遅れをとった大手小売業

ネットが売り上げを伸ばしている理由は、商品検索が簡単なことや、価格比較が可能で、返品が楽なことなどさまざま挙げられます。要は、消費者が購入時間や場所に煩（わずら）わされることなく、また足を使って時間と労力をかけて探さなくても、欲しい商品が、欲しい価格で、欲しい時に、簡単に買えるからです。これはマーケティングの基本で、消費者ニーズの基本願望を完全に実現にしたからに他なりません。

ネット創成期に大手小売業はその知名度で圧倒的優位に立てたはずなのに、まったく出遅れ、今では致命的な差にまで広がっています。現在もネットに対する投資はわずかで、リアル店舗との連動などは夢のまた夢、今後もこの状況は続くと思われます。百貨店は商品MDから在庫管理まですべてを取引先に依存しているのが現状です。取引先との共同作業が不可欠ですが、取引先と共同でネット事業を本格的に行おうとする大手小売業を私は1社も知りません。

ネット販売にはいくつかの最低条件が必要になります。まず徹底した単品在庫管理と簡便な受注システム、それと安全な課金システムに配送システム。これらは自前でも専業に委託しても比較的簡単に整備できます。問題はスピードなのです。ネットに掲載する商品の決定から実際に掲載されるまでのスピードがどれだけ速いか、欲しい商品までどれだけ少ないクリックで辿り着けるか、購入商品がどれだけ速く届くか。ネットはスピード感が命なのです。

百貨店にはまずこのスピードが欠けています。掲載するためには、商品の撮影と商品説明文の作成が必要ですが、専業は商品選定をしてから1～3日以内にネット上に掲載しています。商品の選定場所と撮影場所が同じ場所にあり、次から次へと掲載できるシステムがあるのです。百貨店は百貨店基準の雑誌と同じレベルの写真の鮮明さや文章のレベルが重視され、商品選定から掲載までに10日～1カ月かかり、ネットの優位性であるスピードからはほど遠い状況です。これが百貨店のネット販売不振の要因の一つだと思います。データ入力もシステム化されておらず、メーカーのジャンコードと自社コードを連動させるのに、バイヤーがいちいち手入力しているようでは話になりません。システムを整備するか、専業の業者に任せるなど分業によるスピードアップが不可欠です。現在はフェラーリと自転車ほどのスピード差があります。

また、在庫をメーカーから委託で仕入れて残品リスクを取らないため、取引先は商品提供にどうしてもおよび腰になってしまいます。商品を取引先が提供しても、ファッションであれば色・サイズが各1点しか納品されないレベルでは、苦労してやっと掲載されても売れ筋はすぐに欠品化してしまい、結果、売り上げは専業とは比較にならないのです。

好きな商品に辿り着くまでクリックする回数が専業と比較してやたら多いのも、大手小売業のネットの特徴です。多くの場合、自社宣伝部がからんでページを作っていますが所詮素人で、これも専業に敵いません。専業各社はこれらをマル秘のノウハウとしてシステム開発に余念がありません。それに反して大手小売業はいったん作ったシステムを後生大事にして、なかなか更新しません。結果、システムは専業と比較して5〜10年遅れたものになっています。ネット業界では1世紀ぐらいに相当します。

最近ではシステムやソフトが進化し、動画による商品紹介や店舗紹介がいとも簡単に行えるようになり、一般の人や小規模業者が積極的に利用しています。これにより、テレビで紹介された商品が5分後にはネットで買えるなどということもめずらしくありません。こういった機動性が大手にはありません。毎日必ず新商品が掲載され続け、新しい商品に入れ替わるという特性もネット独自です。ページが常に更新されるから、消費者は毎日ネットのページを見に来るのです。更新頻度もネットでは重要ですが、動画を使って毎日売り場を新規に投稿するブティックや小規模小売業が増加し続けています。

ネットの使い方や機能は日進日歩で目が離せません。これからは大手ディスカウンターの動向に注目すべきでしょう。ヨドバシカメラは15年度には約1千億円を売り、20年までに3千億円のネット売り上げを目指すそうです。同社は本気でネット専業者が「ショールーミング」と称する「店頭で見せてネットで購入すること」を敵対視せず、それさえ取り込んで、自社サイトでの購入へと消費者を誘導しています。目標の実現に向けて真剣に取り組んでおり、大型の配送センターも新規で建設して物流の整備強化を図る一方、ネット上に掲載される商品点数も増加させ、現在の３００万点から16年度には1千万点を目指しています。大型家電から食品や雑貨、化粧品から宝飾・時計、子供の衣料からおもちゃ、ファッション全般から旅行まで扱い、百貨店そのものになっていくことでしょう。新しい時代の新しい百貨店の登場です。現在の百貨店ではまったく対抗できません。

社会通念を変える消費価値の変化

ネットがもたらしたものは、単なる「利便性」ではありません。ネットの意義を利便性だけで語る業界人が多くいますが、本質はもっと消費の根源的な意味を持っています。ネットの出現により、「消費する」という意味合いが変化を始めたことです。簡単にモノが買える＝所有できるので、「消費することが目的」ではなくなり、「消費することの意義」が求められ始めたのです。そして「消費することの価値観」が変わっていったのです。その結果として、モノに対する行為自体が、買わなくても借りたり、シェアしたり、買ってすぐにセコハン市場に販売したりするなど多種多様になりました。「消費する＝買う」という必要性が薄れ、「消費する＝所有する」ことでもなくなっています。消費することに明確な意思と目的が必要とされる時代となったのです。

人々はモノを所有することへの固執が薄れた時点で、無駄なモノを持たなくなり、やがて「大量生産品」への反発も感じるようになりました。現在ではもっと進化して、「頑張らないゆるい生き方」や「出世より人生を謳歌（おうか）する生き方」へと価値観が転換しています。さらには、自分たちが住む地球からすべての商品がもたらされていることにはたと気づき、「地球に優しい」から始まったエコ商材への傾倒や、無駄なコトやモノに消費しないことによる環境保護へと、消費基準を大きく変化させていきました。この考え方に反対する理由は何もなかったために、瞬く間に個人レベルの意識から一つの共通社会意識にまで拡大していきました。「モノ消費のあり方」から「地球の一員としてのあり方」へと変容した意識は、社会全体の意識となって定着していったのです。

こうした消費者の価値観の変化は社会の通念や概念までも変え始めています。近年の消費者を見ていると、従来言われてきた経済的格差や世代間格差による消費性向では説明がつかないことが起きています。ネットビジネスにかかわる若い新興リッチ層が急激に台頭したかと思うと、定職を持たずアルバイトや臨時職員として生活する層が拡大していたりします。そこには、従来からの消費者意識が大きく変化し、それに呼応して生活スタイルや生活志向、さらには生活に対する「価値観」が大きく変わってきている様子が見えてきます。単純な経済格差による2極化や変化ではなく、消費者の意識内における価値観の多様化と言うべき現象です。その結果、年齢や性別による区別も、社会的通念までも大きく変わろうとしているのです。

若い世代が車を所有しなくなる一方、熟年層にスポーツカーが人気だったり。結婚しない女子が急増して「肉食系女子・草食系男子」と言われるように女性の独立心が強くなったり。男女同権が進み、「育メン」等がもてはやされたかと思えば、子供をつくらず夫婦だけの人生を楽しむカップルが増えたりしています。従来の価値観が大きく変わりつつあると思われます。また、山ガールから始まった現象が象徴するように、従来は男性の領域と思われていた場や事柄に女性がどんどん進出し、さまざまな事象でジェンダーレス化が進みました。渋谷区では同性同士の結婚が法的に認められるまでになっています。

社会通念は日々変化し、政府主導で夏場のノーネクタイが定着し、接客業でもノーネクタイは失礼ではないという社会的認識が出来上がりました。さらに、いつの間にか若者のみならず夏場は靴下が見えなくてもOKになり、アフター5は先輩後輩・男女とも割り勘の立ち飲みが当たり前になっています。少し前まではあり得ないと思っていたことが今日では、当たり前になるまでに時間はかからないのです。社会における共有了解事項＝常識が日々変化し、新しい価値観が生まれ続けています。

大きく捉えると、社会の文化や規則を含めた規範全体、生活様式全体、さらには価値観すら「カジュアル化」へと急速に進んでいます。戦後営々と築かれた価値観がいとも簡単に変化しようとしているのです。全身シャネルスタイルがカッコ良いとも思わず、全身ユニクロスタイルもおしゃれとは見ない。これは一時言われた「身の丈消費」でもなく、「トレンド追求」でも「ブランド志向」でもない、多様化した新しい価値観の表れなのです。

多様化した消費者はどこへ向かっているのか、既存の価値観では予測がつかなくなりました。だからこそ、大手百貨店は決定的に消費者ニーズとズレた品揃えしかできなくなり、消費者が望む「自分消費への徹底したこだわり」を理解し得なくなっているのです。既存のルールに捕らわれない自由な消費を、アイテムにしても、環境にしても、買い方にしても、消費者は求めていると言えます。時代はカジュアル化＝ゆるい空気を求めているのです。

これは必ずしも若い世代だけではなく、どの世代にも言えることです。自由を求める若い世代は当然のことながら、社会の第一線から身を引いた、戦後をリードしてきた団塊の世代も同様です。ゆるい空気は一過性ではなく、時代とともに押し寄せ、あらゆる世代に定着しているのです。

現在の消費者が持つ価値観は10年前と大きく異なっているのと同時に、その変化のスピードも年々速くなっています。その理由には、やはりネットの存在があります。従来だと社会的共通概念が醸成されるまでには、少なくとも数年かかっていました。特に今までの価値観を大きく変化させるためには、一部の「市民」がリードして少数の同意見の塊をいくつかつくり、多方面から同時進行的に意見を社会に植えつけていったものです。しかし、ネットの情報拡散力や伝達力は今までの情報伝達ツールであるテレビや新聞などと違い、消費者が知りたい時に、知りたい内容を、関連情報も含めた情報の幅や奥行きを持って、さらには情報発生時に間を置かずに得ることができます。「口コミ」によって、従来とは比較にならないスピードで共有・共感され、24時間絶え間なく伝達されていくのです。

同時に桁違いの人数が複数の情報を検索し、手に入れることができるということは、従来ではあり得ませんでした。しかも、その情報を獲得するスピードが信じられないほど速い。このスピード感こそが、現代の消費者ニーズの根源のような気がします。自分の探していた情報やモノに行き着くまでのスピードが速ければ速いほど拡散する規模は大きくなり、まさに「あっ」と言う間に誰もが共有する情報となり、社会全体のコンセンサスとして形成されていくのです。

こうして大量生産・大量消費よりは「断捨離」、出世よりは「生き甲斐のある人生」、モノを所持するよりは「シェア」、人工的よりは「自然回帰」、身を着飾るよりは「体に良い」等の価値観が、消費者ニーズの核として急速に社会に広まり定着したのです。消費者は自ら知らないうちに革命を始めたのです。それは今までのルールに縛られない、まったく自由な、カジュアルな生活価値観の創造だったからです。

第1章　夢を貪る巨人たち

～苦戦する大型商業施設

革命の勃発〜仮想空間のエデンの園

新たな小売り王者の出現

消費者ニーズの変化と社会意識の大幅な変革の波の中にあって、インターネットは瞬(またた)く間に市民権を得て、私たちの生活になくてはならないものになりました。少し前までパソコンはＩＴ業界人の専売特許か金持ちの遊び道具と思われ、ネットはその前にあったキャプテンシステムのように一般に広まることなく消えていくと言われていました。しかし技術の革新によって、それまでのテレビゲーム機器の代わりに、音楽配信機器として、通信機器として、瞬く間に生活の中の主役に躍り出て一挙に広がりました。

今、パソコンを単なる計算機として使っている人はいませんし、携帯電話を電話としてだけで使っている人もいません。つい最近まで「ユビキタス社会」などと言われていましたが、今日はもうIoT（モノのインターネット）が叫ばれている状況です。かつてこんなに広く、こんなに速く、年齢や地域を越えて世の中に広まったものがあったでしょうか。

人々の生活自体はもちろん、人類の文化そのものまで変えてしまいかねないこの強烈な発明は、世界の三大発明を継ぐものとも言えるでしょう。ネットというシロモノは従来の発明品と違って、あらかじめ備わった機能だけではなく、無限の可能性を秘めたツールとして歴史に残る発明だと思うのです。ネットの凄さは双方向通信機能や検索機能だけではありません。その使い方にはまだまだ限りのない可能性が秘められており、人間の英知が続く限り「できないことはない」というぐらい無限の可能性とビジネスチャンスを持っています。

現在は機器の進歩とソフトの開発に消費者が追いついていない状況も見受けられ、今後は速すぎる進化にどう対応していくかが大きな課題となることは間違いありません。ネットをどう使うかによって、小売業にも従来とは比肩できない可能性が広がります。すでに既存の形態とは違った新しい商売の仕組みが確立されつつあり、消費者に新しい購買スタイルをもたらしています。BtoB、CtoC、BtoC、CtoBなど、消費者と販売側の関係が一方向的ではなく、互いに販売側になったり消費者側になったりと、とても複雑な関係ができ始めています。この関係は、モノの移動に関係するあらゆる分野で、あらゆる作業がビジネスチャンスに結びついていることを意味します。これからどんなアイデアで新しいビジネスが創出されるかが楽しみです（※1）。

ネットは単に「モノを売る」という機能以外にも多くのビジネスを生んできました。バナー広告に始まり、プラットフォームの貸し出し、課金システムや受注システムといった販売に直接関係する業務から、購入者履歴分析によるデータ分析・販売や会員リストビジネスまで、さまざまなビジネスがあります。小規模で商品を生産しているメーカーや個人レベルでの起業家には、低コストでモノを販売できる格好のツールです。

と同時に、情報・サービス産業にとっても大きなビジネスチャンスとなりました。商取引自体が情報として売れるなど、小売業では想像もつかなかったことが今やビッグビジネスになっています。今盛んに喧伝（けんでん）されているビッグデータの活用次第では、社会の仕組みを根底から変えかねません。消費量予測や生産管理などとの組み合わせによって無駄な商品生産が抑えられたり、社会の流行が予測できたり、それが消費者の生活に直接影響することが多いからです。ＩｏＴなどはまさに「生活革命」そのものになることでしょう。

このようにネットは無限の可能性を秘めていますが、その創成期には大手企業にとって大きなチャンスがあったにもかかわらず、まったく理解を示しませんでした。それどころか、「サイズ物は試着ができないから売れない」「食品は味見ができないから売れない」「買い物の楽しみを分かっていない」などと否定し続けました。確かに初期は、アドレスをどう告知するか、購入商品の決済手段は、その商品の配送手段は、といったリアル店舗では当たり前のことが大きな課題でしたが、大手企業なら十分に対応可能でした。当時、ネットビジネスに不可欠な機能は大手の小売業、特に通販事業を持っていた企業にはすべて揃っていました。写真撮影スタジオも、商品のバーコード管理も、受注や配送のシステムも、肝心の商品もありとあらゆるアイテムを持っていたのです。それでも出遅れました。新しい技術を認めて積極的に導入する器量が、担当者をはじめトップにもなかったからです。ＩＴ技術とその活用策を敵視し、粗(あら)を探しては否定しました。いわゆる大企業病です。

百貨店で一番早くネットビジネスを始めたのは高島屋でした。ネットの双方向性に目を向けた「オーダーワイシャツ」販売が日本で最初のネット販売だと言われています。１９９８

※１　２０１４年度ネット販売売上高順位（モール業者除く）＝１位アマゾンジャパン（８５００億円）、２位アスクル（１８７０億円）、３位千趣会（８３１億円）、４位ヨドバシカメラ（８００億円）、５位デル（６２０億円）。日本ネット経済新聞より抜粋。

年のことでした。次に定性商品で量の販売を試みるべく、化粧品の販売を行いました。普段使っている化粧品なら商品内容が理解されているので、試さなくても売れるだろうという想定でした。どちらも「高島屋」というネームバリューのもと、商品の保証と配送の確実さ、代金引換という安全さをベースに取り組まれました。当時はＶＩＳＡ主導の課金システム「ＳＥＴ」がまだ完成しておらず、代金引換以外に確実な入金システムがなかったのです。化粧品はある程度は売れたのですが、実際は売れた金額より「宣伝費」と称して各化粧品メーカーから集めた家賃＝協賛金のほうが多く、高島屋はそれに満足し、次の目標としていた３００からのアイテムブランドで構成されるモール構築への興味が薄らいでしまいました。ネット販売で他社に先行できるチャンスを自ら断ってしまったのです。

一方、無名でも時代を読むことに目ざとく、小さくても野心溢れる新興勢力であった現在のＩＴ企業は、新時代を拓く可能性を秘めた新技術に飛びついていきました。これらベンチャー企業の活躍はもはや言うまでもありませんが、「あれよ、あれよ」という間に時代は大きくその舵を彼らに向けて切ったのです。

当時、通販業界ではニッセンや千趣会、ディノス、高島屋、大丸などが３００億〜１千億円の売り上げを上げていましたが、紙媒体から上手にネットに切り替えられた千趣会、ニッセン、ディノスが生き残り、百貨店系は壊滅してしまいました。その中で、ネットを小売業に提供したプラットフォーム企業（※２）はあっという間に百貨店全体の売り上げを凌駕（りょうが）するまでに急成長したのです。小売業の新しい王者の出現です。しかも、その王者は小売りのプロではないのです。黒船に乗ったまったく別の人種だったのです。

ネットビジネスは燎原の火の如く

ネットが拡大する中で、百貨店をはじめとする既存大型店は、どのような対策を打ってきたのでしょうか。残念ながら、今日に至るまで有効な対策は打てておらず、積極的にネットを活用することさえできてもいない状況にあります。

ネットへの関心は、大企業に比べて零細企業や個人のほうが初めから高かったように見

※２　プラットフォーム企業売上高＝２０１４年度は、１位が楽天で７１３５億５５００万円、２位がヤフーで３５３５億７９００万円、３位がゾゾタウンで１１１９億４１００万円となっています。

えます。特に若い世代はゲームでＰＣを扱うのに慣れていたので、ネットに対する興味も大きかったと思われます。そのうえ、零細企業や個人がモノを売るのに大規模な資本も要らず、人手も必要とせず、大量に商品を抱えるというリスクもなく、価格も自由。うってつけのツールに飛びつくのは自然の道理でした。

それまでは、新規で商品を販売する時には、場所代や販売員経費、広告費用の観点からとても難しいものがありました。それに対してネットは商品を売り込めるツールとして画期的で、膨大な商品の販売機会が訪れたことを意味しました。新商品のみならず、それまでは倉庫の片隅に眠っていたり、展示棚で他の多くの商品に埋もれて顧（かえり）みられることがなかったりした商品までもが、一挙に日の目を浴びるチャンスが巡ってきたのです。

詳細データが発表されていないので正確ではありませんが、15年12月1日現在、楽天ショッピング参加企業は約4万1千社、楽天トラベルは約8万2千社とされています。2億点に上る商品が掲載されています。日本国内の上場企業は約4千社ですから、約9割が非上場の中小企業以下ということになります。いかに大企業以外の会社や個人がネットに参入しているかがよく分かる数字だと思います。ネットは小資本事業家が使えるツールとしては最強で、大手と互角に戦える唯一無二のツールと言っても過言ではないでしょう。

閑話休題 01

楽天で１年間で販売された麺の長さは？

2014年度に楽天で販売された麺類の販売実数は49,821,747個。長さに換算すると実に3,487,521kmになります。これは何と、地球87周分に相当します。ちなみに、楽天会員数（累計）は10,835万人（2016年3月末現在）。日本人の9割が楽天を利用している計算になります。

このツールの活用方法も、モールに出店するだけでなく、口コミサイトやインスタグラムなどへの投稿、他社とバナーを張ったキャンペーンなど、多くの展開方法が考えられています。どれが有効か、常に進化し、新しいソフトが開発され続けるので油断は禁物です。昨日の王者は今日の敗者になる可能性が十分にあるからです。

特にこれからの起業家はネットを外しては考えられません。広告から販売、顧客管理までネット上ですべての購買行動が完結してしまえるので、アイデアと実行力さえあればどんなことも可能なのです。資金でさえ、「クラウドファンディング」によって幅広く募れます。従来のように株式を発行する手間も必要ありません。ネットに参加するのが一個人ならば、その個人が提案する事業に投資するのも一個人で、銀行が興味を示さない案件でもおもしろいと思った人々から少額ずつでも資金を集めることができるのです。ネットで膨大な数の人々がつながっているからこそ可能になる機能で、ネット創成期には想像もつかなかったようなビジネススキームが次から次へと創造されてきます。今後はＩｏＴによって生活が激変し、さらに便利になっていくことでしょう。

ソフト＝アイデア＆機能の進歩は目覚ましく、単なる物販のみならず、それにまつわるすべてがビジネスチャンスに変わり、起業につながるのです。それゆえ、今まで物販と関係のなかった企業からもネットビジネスへの参入が数多くあります。言い換えれば、自社をどう売り込むかを考え、「ネットでこんなサービスがあったらいいな」というまったくの消費者目線で考えれば、企業規模の大小にかかわらずビジネスを創造できるのです。

物販だけがビジネスではありません。特にネット関連の新規サービスソフトは、ＩｏＴの拡大やＡＩ（人口知能）の進歩により、使用者側がその利便性を十分活用する前に開発されるスピードで進んでいます。物販機能はもちろん、情報収集機能や検索機能を使って、どう生活を豊かに、安全に、便利にするかを考えた企業や個人には、まだまだ山のように大きなチャンスが残されていると言っても過言ではないでしょう。かつてＳＦ作家のジュール・ベルヌは「人間が想像できるものは、必ず実現できる」と述べましたが、そのままの世界が実現されていくのです。

次々と課題を克服するネット

ネットは進化・拡大の一方で、創成期には大きな混乱も消費者にもたらしました。掲載した商品と違うモノが消費者に送りつけられたり、食品などは掲載重量より不足していたり、購入したが商品が送られて来ないなど、詐欺まがいの事案をはじめ数多くの問題がありました。これらの問題の背景には、ネットの持つ匿名性があります。書籍などと違って、検閲的または自主規制的な公的機関はいまだ大手プロバイダーが代行している状況で、悪意ある匿名にはまったくもって対抗手段がないのも事実です。住所はあくまでネットという仮想空間でのものでしかなく、実態と異なっていても判断しようがありません。

しかし、モール主催者やプラットフォーム提供者が少しずつ管理体制を強化し、ネット利用の主力層であるヤング層がリスクを承知で購入していたこともあって、学習効果が徐々に広がり、今では悪質出品者は淘汰されてきました。

とはいっても、まだまだ十分ではありません。特に海外とのやりとりの場合は、先方の信用度まで消費者は分からないことが多く、ネット管理者のより厳格な運営を望むしかありません。語学力が求められる交渉事はほとんどの場合、不可能か泣き寝入りせざるを得ないのが現状です。翻訳ソフトの拡充や、トラブル解決代行専門サイト、商品の品質や真贋（しんがん）を保証するサービスなど、思いつくだけでも多数の新しいビジネスが発生していますが、これらはさらに進化し拡大していくでしょう。新しいソフト開発や購入のための新ルールが遠からず決められ、危険性は克服されていくことと思います。

物流も課題です。受注した商品をより短時間で集荷し、出荷するまで今の物流センターの規模では難しいのです。中国のアリババが造った物流拠点は20万平米もあり、それが中国全土に最低100カ所ないとスムーズに配送ができないのだといいます。かつての通販も配送センター機能が勝敗を決すると言われて久しいですが、通販とネットでは扱い商品の品目数に決定的な差があります。大手通販で年間掲載点数は2万～3万点ですが、ネットでは2億点を超えるのです。それゆえ商品の保管方式や配送のための合わせ作業の機械化などの近代化をしないと、配送日数だけでなく、コストまでかかってしまうのです。

中国のように土地を使えず大きな施設を造れない日本は、いかに高効率の物流施設を備

閑話休題 02

アリババの「独身の日」の中国百貨店

日本で紹介されない11月11日「独身の日」の中国の百貨店は、やはり便乗バーゲンで大変混雑します。当日は５～９割引の全館大バーゲンを行い、１人で６つも７つも大きな買い物袋を抱える人であふれ、店内は身動きがとれないほどの大混雑が見られます。全国的なお祭り騒ぎにまで規模が拡大しています。

えるかが大きな課題になります。アリババは11月11日の「独身の日」に売り上げた１兆７５００億円分の商品を全部配送するのに最低３カ月かかると言っていますが、最終的には中国全土で３日以内、海外でもBtoCでは５日以内を目指すそうです。この物流施設建設に10兆円もの投資を行う予定ですが、それでも足らないだろうとアリババは見ています。

他に販売側で重要になるのは、返品商品の再生機能です。時代のカジュアル化に伴う購入方法の変化に対応し得る体制を早急に整備しなくてはなりません。消費者は簡単に購入し、簡単に返品もしてくるからです。物流の高速化による即日納品と返品商品の即日再生ができなければ、在庫回転率の悪化を招き、不要在庫を増やす結果となってしまいます。現在の体制でも返品再生は一応どこの企業も行ってはいますが、「返品ありき」の物流体制がしっかり組まれているところは少数です。「返品再生は焦らなくても最後は仕入れ先に返品すれば済む」とばかり、従来通りのモノの売り方や返品商品の処理の仕方やスピードでは、ネットに対応できず置き去りにされるだけです。そのうちには受注数全部を商品化せず、返品予測に基づいた返品商品の再生商品で回せるようになるでしょう。特にビッグデータを利用した個人の購買履歴からの需要予測機能や消費者個々の購買性向把悪が進み、より精密な商品アピールやサイズ表示方法が開発されるでしょう。

このような改善指向や改善余地が残されているうちは、ネット販売が拡大し続けることは間違いありません。さらに消費者の購買行動を十二分に理解したうえでのリアル店舗との新たな組み方が発明され、ネットの小売業はリアル店舗と同様の確固たる地位を確保し、リアル店舗との連動による存在意義をより明確にアピールしていくことになるでしょう。

なぜ百貨店はネットで売れないのか

百貨店のネット販売が売れない理由を、「ファッションは試着ができない」「食品は送料がかかりすぎて儲からない」などと言い訳をする担当責任者をよく見かけます。経営コンサルタントもあれこれと原因を指摘します。しかし、どれも基本的なことを忘れています。

一番の原因で最大の障害となっているのは、「ネット担当役員＝予算と決済権限を持つ人材」がネットをシステム的にもソフト的にも完全には理解しておらず、しかも日進日歩で変化するスピードにまったく追いついていくことができないため、何をどう判断してよいのか分からないことなのです。会議で部下からの説明を聞いても理解できず、新規提案などはまったく理解の外で、判断事項も即決などは論外という人材が責任者では、ネット事業が進捗するはずもありません。しかも、即効果を求めるだけの銀行出身役員が、経費対効果や予算範囲でできることなどと枠をはめてしまう。戦いで最もやってはいけない兵力の漸次拠出となり、効果が出ないまま、「無駄に費用ばかりかかって成果が出ない」と非難の大声を浴びせかけるのです。こうして百貨店のネット戦略は進むどころか、あらぬ方向へ進み、ドツボに陥ってしまったのです。

百貨店のネットに対する意識を覚醒し、強力化するためにはまず、「ネット」の持つ本当の力を認識し、百貨店にとってどういう使い方ができるのか、どのようにしたらどんなメリットがあるのかを徹底して研究し、その結果を共有して意識を徹底して改革すべきです。

「単なる販売ツールの一つ」という認識から、究極の「販売可能なマーケティングデータ＝ビッグデータ収集ツール」として認識し得るまで意識改革すべきでしょう。ネット＝販売ツールというネット時間では１００年前に相当する認識では、次世代に向けてネット事業を有効活用することは不可能です。百貨店が持つ膨大な潜在顧客データと購買データの組み合わせ実証によるデータは、絶対的なマーケットデータとして膨大な利益を百貨店にもたらすことでしょう。

そのためには、権限と予算を全面的に20代の若手に委譲し、数値目標だけを決めて、あとは好きにやらせることです。役員たちの役目は、それでもうまくいかない時に備え、撤退時期の判断と失敗の責任を負うことだけです。そうすれば、10年かけても何の成果も出なかったネット事業は、1年以内に目に見える大きな成果を上げることでしょう。また、ネットとリアル店舗との相互活用策の研究をもっと深化させるべきです。ネットによって地域間の距離がなくなる中で、地方百貨店や郊外店の存在価値を消費者に認識させることができなければ、百貨店はネットを十分に使いこなしているとは言えません。モノを売るためだけではアマチュア（一般消費者）のネット手法と変わらず、それでは百貨店の存在意義はますます要らなくなってしまうからです。

消費者が自らモノを探し、買い、売る

ネットの出現により、買い物における「時間的制限」「空間的制限」は完全に自由化されました。日本全国どこでも同じ条件になり、北海道の山奥でも東京原宿と同じように、対馬でも大阪道頓堀と同じように商品が手に入ります。百貨店は朝10時から夜8時までですが、ネットは24時間営業です。もはや電車や車に乗って時間とお金をかけて買い物に行く必要がなくなりました。たくさんの価格から簡単に比較購買もでき、新品から中古品、すでに販売を終了している限定品やビンテージ品まで、どんなモノでも手に入れられます。

正規販売店以外の商品はほとんどが中小企業経由であったり、個人供出品であったりしますが、消費者は必ずしも定価の正規品のみを購入したいわけではなく、ネットでは自分の必要性に合った条件下のモノを探せます。このモノ探しが消費者に受けているのです。今現在定価で売られているモノばかりでなく、過去に販売され絶版になったモノを買う、シリーズでしか販売されなかったモノをバラで買うなど、消費者は自分のニーズに合わせてモノを探します。そのため、売り手側はどんなモノでも、特に希少品（古い、限定品）はもちろん、めずらしいモノや、どこへ行けば買えるか分からなかったモノ、さらには不要

になったモノまで気楽に掲載するのです。

究極の「選択の自由」です。ネットが消費者に支持される大きな理由は、「消費者が欲しいモノが欲しい価格で必ず手に入る」という事実と、「消費者自身が販売側に回れる」という事実です。消費者は自由にモノを探して購入できると同時に、使用して用済みになった、あるいは飽きてしまった商品を簡単に「再販売」できるのです。今までは青空市に出品したり、リサイクルショップに委託で置いてもらったり、自宅でガレージセールを行ったりすることが限界でしたが、ネットではたった1点でも掲載し、販売することができます。

捨てるかフリーマーケットで販売するかしか処分方法がなかった個人所有のモノが、期せずしてリサイクルの新たな、そしてかつてない規模の大きなサークルを形成しています。中小メーカーも、売り場展開するより圧倒的に少ない経費で膨大な数の消費者に商品を提案することができ、従来は投げ売りと言われた商売方法でなくても在庫処分ができるようになりました。マーケティング戦略の基本である「欲しいモノを」「欲しい量だけ」「欲しい人に」供給することが可能になり、消費者のモノ探しの範疇(はんちゅう)は時間を超え、距離を超えて無限へと広がり、モノを供給する側にとっても画一的なモノ以外に、一点物や本当に価値あるモノなどの情報が検索機能や口コミであっという間に消費者に駆け巡っているのです。宣伝費に資金を投入できない小規模営業だからと言って馬鹿にはできないのです。

　これは今までになかった商売形態です。価格も自由につけられ、同じ商品と価格比較して売りやすい価格に急きょ変更することも可能で、売れたら代金引換や電子マネーなど決済方法も多種多様に開発されており、プロでなくても自由に商品の販売ができます。結果、個人商店が山のように増え、商品の流通量も圧倒的に増えて、従来の小売業を介した塊での消費量は見る見るうちに分散されてしまったのです。よく大手小売業が、特にファッション（衣料・雑貨）が「売れない」という話をしますが、ファッション産業としての販売総数は決して減っていないと思います。購入できる販売チャネルが無限に増えたため、消費者が分散してしまったのです。

　流通する商品の量が無限大に増大した結果、ネットは便利であると同時に、小売業の販売競争も激化させたと言えるでしょう。かつてスーパーマーケットや専門大店、通信販売、コンビニが百貨店の売り上げシェアと顧客を奪っていったように、ネットはこれまでの競合の数十倍もの規模で売り上げと顧客を奪っているのです。しかも、単に売り上げを奪取するだけでなく、新しい市場を形成するまでに成長しているのです。この市場は商品の流通のみならず、商業活動全般に新しいビジネスチャンスや商材も生み出し、止むことなき拡大を繰り返しています。

モール上での販売手段だけでなく、ユーチューブに投稿された動画の主人公が履いていた靴がブームになって2年分の在庫が処分できたとか、インスタグラムにファッションテーマを決めて投稿していたら大手企業からファッションアドバイザーとして高額な給与で招聘（しょうへい）されたとか、ネットは単なる販売ツールから大いに飛躍拡大し、今後どうなるかの予測がまったくつかない凄さがあります。

その機能もハード、ソフトの両面でさらに進化を続け、もっと売りやすく買いやすくなることは間違いないため、ネットを販売戦略の基礎として位置づける企業や個人の起業家がますます増えることは確実です。そうなると企業の大きさとか老舗とかはあまり意味をなさなくなり、ネットに掲載される商品の見栄えや、情報量や操作・購入のしやすさ、商品に対する一方的な販売側の主張ではなく購入実績者の口コミや評判など、新しい価値観が購入決定の決め手になってきます。

一方、ネットには大きな欠点があると指摘されてきました。試着に代表される「お試し」ができないことです。サイズ物は試してみなければ分からないし、他にも写真映りによって色・柄が本物と違って見えるなどの欠点があると言われてきました。しかし、ネットはいとも簡単にそれらの欠点を克服してしまったのです。

その方法は究極の返品制度です。従来の小売業は、その場で購入したモノは、相応の理由とその店で買ったという証明（たいていはレシート）がなければ返品を受け付けませんでした。しかしネットは、最初から返品ありきでビジネスを構築しているのです。リアル店舗で同じお客様が同一商品を３サイズ購入したら警戒します。１サイズ以外は返品だと。ネットは逆です。３サイズ購入してもらい、合わないサイズは返品を前提とするのです。それゆえ、返品された商品をいかに速く在庫に戻せるかが勝負で、返品倉庫には商品の再生機能をしっかりと持たせています。これを消費者に引け目を感じさせることなくスムーズに行っているので、消費者は何度もネット販売を利用するようになるのです。

逆に、百貨店をはじめとする既存店舗は、少しでも返品を減らすことを金科玉条にしていて、販売員にもそのように教育しています。これでは端から勝負になりません。昔気質で律儀な消費者は満足しても、現代のカジュアル志向の強い消費者に受け入れられるはずがなく、次第に既存大型店は利用されなくなります。百貨店通販が姿を消しつつあるのも、ここに理由があります。百貨店には返品商品を再生してすぐに出荷できる体制どころか、その意識がないのです。この販売方法は、かつて百貨店が「正札」制度を導入して以来ぐらいのエポックなのですが、その事実に気づいている百貨店はあるのでしょうか。

ネットは配送に関しても画期的です。既存の通販は申し込んでから早くて3〜4日、通常は5日前後で配送されますが、それが当たり前と考えていた流通業者にネットは衝撃を与えました。アマゾンが即日配送を宣言したのです。既成概念が崩れ去りました。

アマゾンが通信販売の本場アメリカで勝ち残るために編み出した方策が、即日配送でした。しかも送料無料サービスまでやってのけたのです。金魚鉢の中で争っていただけの日本の各社にとっては青天(せいてん)の霹靂(へきれき)で、「どうやって翌日までに届けるのだろう」「どうやって利益を出すのだろう」とみんなが首をかしげました。

確かに他のネット業者と比べて収益性は極端に低い事業構造ですが、まず「本」という特定業種を完全に押さえ込んで独占化し、「ネットならアマゾン」という意識を消費者に植えつけてから利益率の高い商材まで広げていく、という戦略のようです。同時に、決済システムや受注システムを開放し、他社にそのプラットフォームを使用させることで、そこから収益を取るという発想も新しいものでした。日本企業にとっては自社で開発したソフトや事業基盤を他社に貸し出すなどということは前代未聞・空前絶後の発想であり、マイクロソフトやアップルが占有率を高めた手法も同様です。

ネットビジネスは「ネット上でモノを販売することによって利益を生み出す」だけでなく、ネット上の自社テリトリー内で他社に商いを行わせ、その他社は顧客に商品掲載までの一切業務から場所代、システム使用料、決済代行手数料までを負担してもらい、自社は自社テリトリーシステムを使わせることで利益を出す。このやり方は衝撃的でした。配送をはじめ、製造、販売、物流を分業化し、専門分野のみを自社で行って薄利多売によって得た利益をみんなで少しずつ分け合う日本方式に慣れた企業にとって、すべて自前で行う逆転発想の方式は青天の霹靂でした。

このおかげで日本の消費者は、ネットに対する興味と新しい消費の無限の可能性を感じ取ったのです。そして一挙にネットは拡大を始めました。最初は若い世代からでしたが、次第に年齢層が上がり、最近では60歳以上でネットを使っている人が約70％と毎年５％のペースで増加しています。「ネットは若い人」はすでに過去の概念で、買い物に行けない高齢者や店舗がない地域では当然のこと、これから60代に入る消費者は今まで企業内でネットを使っていた人が定年後もネットを使用すると想定されるため、パソコンの利用度やネットによる買い物は間違いなく増加するでしょう。ネットは単に新しい購入方法という存在から、生活になくてはならない存在へと成長したのです。

ネットが出現した当時は、誰もその可能性を理解できませんでした。そのネットが消費を根本から変えた要因の一つに、携帯電話の進化が挙げられます。パソコンだけではこんなにネットは利用されなかったかもしれません。タッチボードで入力しなければならないと、高年齢層や機械に弱い消費者にはなかなか利用が進むとは思えません。携帯電話が単なる電話ではなく、ミニコンピューターと言えるほどの高機能を保持するようになって、消費者のネット利用が格段に増加し得る環境になったのです。

ＳＮＳ（交流サイト）の利用はもはや当たり前ですし、フェイスブックやツイッターなどの情報網は世界中とつながり、ユーチューブをはじめとする動画や音楽、映画の配信は当たり前になり、既存の業態を完全に凌駕してしまいました。全盛を誇ったレンタルビデオ店はもう街には見当たりません。ほとんどのリアル店舗はネットに取って代わられ、レコード店もＣＤを再生する機器を製造するメーカーも昔日の面影はありません。文明の進化の過程に埋もれていく運命なのです。進化とは「変われないモノの墓場」であり、進化についていけないものは取り残され生き残れないのが歴史の必然なのです。ネットの革命的とも言える文明の進化についていけないものは何であれ、どんな理由があろうと存続はできないのです。

陳腐化した百貨店の流通革命

変化対応できない百貨店

消費者が望むモノが変わったことも、その買い方に革命が起きていることも、時代の価値観が変わったことも、百貨店は率先して対応するどころか、理解することすらほとんどありませんでした。目の前の顧客を失うことのみを恐れ、その対応に汲々(きゅうきゅう)とするだけ。結果として具体的に顧客をリードすることもなく、顧客とともに歳をとっていっています。新規顧客を獲得するために新しいテクノロジーを積極的に活用して新しい宣伝方法を考案するとか、時代を先取りしたＭＤや売り場を開発するとか、時代を牽引するなどということはまったく視野にないかのようです。

百貨店の一番の問題は、自身の時代対応力のなさだと認識していない、ということです。

戦後70年にわたって先輩たちが営々と築き上げた黄金時代の百貨店そのままに、消費者ニーズとかけ離れた商品を時代遅れの販売・接客方法のみで提供しているのです。売り上げ不振の理由を経済状況の悪さのみに求め、景気さえ良くなれば顧客は自然に帰ってくると考えています。神風は吹いたとばかり「爆買い」対応しか頭にないというのは、呑気以外の何物でもありません。指をくわえて爆買い御一行様を待っている百貨店のあり様は、1千年前の雨乞いと変わらない状況です。

売り上げ不振の原因になっている来店客数の減少を食い止めることは急務であり、その原因を追及すれば消費者ニーズへの対応の仕方やMD、売り場環境、販促もすべて時代遅れになっているという事実は分かることです。今のニーズに対応するためには、例えば消費者の支持を集めるブロガーを組織する、毎日更新される動画を使ったサイトを開設する、他社とコラボした集客イベントを仕掛ける、「ファッションナイト」のように閉店後の売り場を利用したポップアップショップを展開するなど、既存顧客だけが対象ではない、消費者が楽しんで来店できる販促を積極的に考え、実行すべきです。

オムニチャネル対応も、組織をつくるだけで満足しており、実効性のある結果は出せていません。百貨店の組織自体が時代のスピードに対応できる機構になっていないのです。

権限も能力も集約されて一番の精鋭部隊のような体を為してはいますが、実態はどうでしょう。中元・歳暮のカタログ販売の域を出ておらず、まったくネットの意味合いを理解しているとは思われません。スピードこそがネットの神髄です。電撃戦こそがネットで勝利する覇者になれるのです。

ＭＤの改革も、取引先に頼っているだけでは意味がありません。Ａというブランドが良いだの、Ｂというブランドが良いだのと言っているだけでは駄目です。消費者が望むコトやモノを、いまだ見たことのない世界を、具現化して提供することが望まれているのです。商品を発表する場が少ない新人デザイナーをインキュベートしたり、普段は実物を目にすることの少ない伝統商材をきちんと展開したり、素材や縫製はもちろん、付属品や使い勝手にまでこだわった世界の一流品を集めたり、消費文化に貢献し、消費者に支持される新ＭＤの構築と展開を実現させるのです。

かつて百貨店は進取先取りの精神で常に新しいことにチャレンジし、時代をリードし続けました。正札をつけて定価販売を行ったり、海外商品を「舶来品」と称して世界の商品を日本に紹介して生活を便利にしたり、靴のまま入れる店舗を造ったり、エレベーターを真っ先に導入したり、屋外広告を出したり、オーダーメードが主流の時代に既製服を販売したり……。現在の小売業の仕組みやサービスは全部と言ってよいほど、百貨店が時代の先端を走りながら世に送り出したものです。まさに「流通革命」の寵児として、消費文化を育成・発達させてきました。それができたのは、すべて消費者のニーズに合致していたからです。小売りの王者とまで言われ、長く君臨できたのは弛みなく改革を続け、常に消費者のニーズを先取りしてきたからなのです。

百貨店は残念ながら、それらをすっかり忘れてしまったかのようです。目先の効率ばかり追うのではなく、もっと本質を見極め、時代に先行してこその流通革命ではなかったでしょうか。部分的な効率を追求するだけではもはや流通革命などと言うにはあまりにも短絡的かつ矮小的で、全体を見ていない愚者のやることです。

今、あらゆる業種の、あらゆる取引先が、百貨店の凋落を嘆いています。百貨店に集客がなくなれば、自社商品の売り上げが落ちるからです。この凋落の原因の一つとして必ず挙げられるのが、バイヤーのレベルの低下です。製品や商品の知識が不足し、コスト計算すらできず、消費者ニーズの把握は夢のまた夢、展示会には来ず、打ち合わせは夕方専門（終わった後の接待を期待）、話す内容は「値入率を下げて」だけでは、売れるはずがありません。また、商品に関する業務よりも雑用（パソコンへのデータ入力や手作業による売り上げ集

閑話休題 03

新しいモノはすべて百貨店から

現在、日本のトイレで洋式はダメと言う人は少ないと思います。この洋式トイレが普及したのは1960年代後半の高度成長期、公団住宅に標準装備されたのが始まりだそうです。では、初めて装備された百貨店はどこでしょうか。筆者は1950年代後半に三越百貨店日本橋店で初めて使った記憶があります。その時には何と、ウォシュレット（米国製）が付いていました！新しいモノが大好きだった祖母と、わざわざ、トイレを使用しに行ったのを覚えています。

計など）が多く、仕入れなどやっている時間がないというのが現実のようです。

ならばバイヤーなど辞めてしまえとばかり、MD本部を縮小・廃止し、各店仕入れに走る百貨店も出る始末です。それでも都市部の大型店であれば取引先が来社してくれますが、地方店や小型店は商品自体が回らず、値入率も上がり、販売員も引き上げられてしまい、急速に息の根を止められ始めています。極端な消化仕入れの弊害がそこかしこに広がっているのです。人権費の削減だけが流通革命では、お先真っ暗としか言いようがありません。百貨店はバイヤーの再教育や登用条件を見直し、現場で販売実績のある者をバイヤーとして育てるべきです。パソコンを打つのが速いだけでバイヤーにするのは見当違いも甚だしいと言わざるを得ないでしょう。

これまでも百貨店は、生産性を上げるべく各種の改善策を模索し実行してきました。値札の裏に在庫票をつけて倉庫まで確認しに行く時間を削減する、洋服ハンガーの幅を狭くして売り場ストックに少しでも多くの在庫を持つ……。

しかし、このようなレベルの改善では時代変化に対応できません。携帯PC端末の活用によるレジなし化や店頭にいても全店の在庫が一瞬にして分かるシステムなど、最新テクノロジーを生かした人頭・時間・面積生産性の向上を図るべきで、これは単なる省エネ化ではないはずです。また、サービスの低下を招く従業員数の削減による効率化を止め、給与制度や昇給制度を改善し、労働意欲の改善による生産性の向上を図るべきです。

旧世代とは完全に価値観の異なる消費者が、年齢に関係なく増えています。時間消費・空間消費を合わせた「自分オリジナル消費」とも言える個別のニーズの広がりに対応し得る店舗・売り場・サービス開発はもはや不可欠になっているのです。

新しい時代に目を閉じていては、新しいモノやコトは見えてきません。変わることを恐れず、変えなくていけないことは積極的に変え、変えてはいけないことは変えず、守っていくのが王者の役目でしょう。他業種でも良い点は見倣(なら)い、百貨店にしかできないこと、

閑話休題 04

百貨店が考える作業改善と現実のズレ

百貨店は現状作業の無駄を省き、人頭生産性や時間生産性を上げるべく、各種の改善策を模索・実行してきました。例えば、値札の裏に在庫票を付けて倉庫まで見に行く時間を削減する、洋服ハンガーの幅を狭くして売り場ストックに少しでも多くの在庫を持つなど、トヨタの改善運動を想像させます。しかし小売業が行うべき改革とは、最新電子機器による効率化や機械化による生産性の向上であり、人民解放軍のような人海戦術ではないはずです。

百貨店だからこそ期待されることはしっかりと実現させるべきです。百貨店が小売りの新興勢力であった時代には、積極的なチャレンジで時代を切り拓いてきました。今こそ、百貨店が立ち上がる最後のチャンスかもしれません。現在の百貨店を見ていると、19世紀の大衆化の時代の到来に必死で抵抗する貴族文化を見ているような気がしてなりません。

時代に遅れた六つの要因

消費者の欲しいモノが揃えられない、現状の百貨店施策を具体的に検証してみましょう。百貨店が時代に遅れた要因は六つあります。

要因①　消化仕入れへの偏重

消化仕入れは在庫管理責任が取引先であるメーカーにあるので、メーカーから見れば商品移動が簡単で、売れている店舗に率先して商品を投入できるというメリットがあります。しかし人員派遣が基本条件であり、売れないとその分の人件費や横持維持費がかさむという欠点があります。メーカーが値入率を他の仕入れ形態より有利に設定できるので、一般商品より高額な商品および商品量に限りがある輸入品ブランドについてよく採られる仕入れ形態でした。

そのため、高度成長期やバブル期には、好立地にあり、高級顧客層を抱えている百貨店に出店したのです。今日の世界的なラグジュアリーブランドが形成されたのは、百貨店が持つ集客力と顧客を借りて売り上げを伸ばしていったから、と言っても過言ではありません。百貨店もこれらのブランドによって大いに潤い、ともに春を謳歌したのです。

これを横目で見ていた日本のメーカーは自社ブランドの価値を高めて売り上げを伸ばすべく、争ってラグジュアリーブランドの販売手法を取り入れました。販売員を派遣し、店舗はブティック形式で展開してブランドアイデンティティーを打ち出し、仕入れ形態も消化仕入れに切り替えていったのです。メーカーは委託仕入れでも販売員派遣を求められていたので、値入率の良い消化仕入れは同じ売り上げでも利益を確保する根源となりました。百貨店は、在庫管理から商品発注まで丸投げによるバイヤー削減＝経費節減が可能になりました。どちらにとっても好都合だったのです。

百貨店は何もしないで売り上げと利益をもたらしてくれる消化仕入れが大好きになり、今では80％以上の商品が消化仕入れと言われるまでになっています。消化仕入れは仕入れ総額の10％を超えたら危険と、かつては言われていました。それは百貨店の自主性が奪われるという危機感と、店の統一性が損なわれるという危機感の表れだったと思います。他店との差別化が図れなくなることや利益率の低さが理由などとも、いろいろと言われていましたが、本当のところは他人任せの商売に対する戒めがあったように思われます。

しかし、百貨店とメーカーにとって最良と思われた策は、消費者にとっては最悪の選択になったのです。90年以降は各メーカーが自社ブランドを拡販させるために、百貨店内に売り場を確保する目的で一挙に拡大しました。結果、どこの百貨店も、どこの売り場も、同じようになってしまいました。消費者から見れば、どこへ行っても同じモノ、同じブランドが、同じようにずらっと並んでいるのです。「どこの店で買っても一緒」の一言で片づけられてしまう品揃えになってしまったのです。百貨店は、消費者が欲しい商品を手にする場所からメーカーが売りたい商品が並ぶ場所に変わっていき、主役は「買い手」ではなく「売り手」になってしまいました。

消化仕入れの拡大は結局、百貨店の前年主義を増長させました。場所貸し化して自社売り場も自社販売員も放棄してしまった百貨店は今や、売り場主導権を完全にメーカーに渡してしまい、バイヤーは自ら商品選定も数量発注もしない担当という名前だけの、文句だけを言う存在に落ちぶれています。新しい商品に挑戦して売れなかった時の責任を取る羽目になるよりは、新しい挑戦などせず、メーカー主導にさせておいたほうが都合が良いからです。売れて当然で、売れなかったらメーカーの責任になるのですから。

メーカーも売れなければ利益が出ないので、素材もデザインもアイテムもまったく新規の商材を投入するというチャレンジをするより、確実に数字が読める前年の売れ筋商品をベースにした品揃えのほうが安心です。さらに悪いことには、期中で他社の商品から売れ筋が出始めたら、生地だけを変えてそっくりコピー商品を作ってしまう。このような商品は、メーカーの営業が百貨店を回って売れ筋情報を仕入れ、営業会議で提案することから「営業企画」と呼ばれ、実際によく売れるのです。各社が同じことを行うので、ブランドタグを外したらどのメーカーの商品なのかまったく分からない今期の売れ筋だけが店頭に所狭

し と並ぶようになり、消費者を取り合うことになりました。その結果、「売れ筋は短命で終わる」サイクルになり、いまだこの繰り返しを飽きずに行っているのです。

販売員が商品の欠品を一番嫌がることも、売れ筋への偏り（かたよ）を助長しました。せっかく顧客が来店したのに「在庫がない」ことは最大の恥であり、失敗事です。そのため、売れ筋確保は当然のことで、商品のサイズ、色、柄の欠品を防ぐべく、営業担当者にいかに商品を回してもらうかが、販売員の大きな日常業務の一つになっています。

消化仕入れは本来、高額で商品回転率が良くない商品に対してのリスクヘッジとして開発された仕入れ形態です。一般商品の仕入れ金額レベルや一定の商品回転率が望める商品に対して、利益率の低い仕入れ形態を採るべきではありません。しかし百貨店は、販売員経費を削減できるという目先の利益にはまってしまったのです。売り上げの良い店舗には売れ筋商品と優秀な販売員が集中しますが、二番手以下にはそれなりの商品と販売員しか回ってきません。その結果、地域一番店が売り上げも顧客も独り占めし、それ以外の、特に郊外店や地方店は顧客離れが急速に進んで衰退していったのです。百貨店が生き残りをかけ、顧客の支持を得るためには、メーカーに頼り切った仕入れ形態を早急に改革することが必要なのです。

要因②　いびつなＭＤ構成と展開

百貨店の主要売り上げは婦人服ですが、顧客の年齢上昇に対して新規顧客の開拓が遅れ、加齢化が進んでいます。いわゆるキャリアやＯＬは一部の都市型大型百貨店以外にはほとんどおらず、ターゲット年齢構成が頭でっかち型でいびつなのが現状です。そのため、ＭＤはアダルト以上の世代向けに固まってしまい、新規顧客を意識したＭＤが組めていません。その結果、新規顧客がつくれないためにＭＤを変えられないという悪循環になっているのです。

新しいテイストや着こなしを提案する新人デザイナーや新興メーカーはファッションビルや専門店を中心に展開し、百貨店に見切りをつけています。若い世代のお客様はほとんどそちらに流れてしまい、百貨店はますます旧顧客専門にせざるを得ないのが現状です。新規ブランドや新興メーカーは18～45歳前後の顧客層をターゲットとし、娘と一緒にファッションを楽しむ母親層まで取り込み、親子二世代ファッション（共有化）が確実に広がっています。消費者が新しいＭＤを求めているにもかかわらず、新しさを盛り込まず、前年売れた手堅いＭＤ＝前年踏襲主義では新規顧客の獲得どころか、既存固定客すら逃げて行ってしまいます。結果、売り上げは年々下がる一方なのです。

この状況に対処するため、時々思い出したようにヤング世代やヤングミセス狙いのブランドが導入されますが、少数のブランドを集積しただけでは既存顧客にアピールできるはずもなく、宣伝もなされなければ新規ターゲット顧客がそのゾーンを知るべくもありません。知ったところで、従来型のブランドミックス展開では消費者ニーズを喚起することはできず、結局は既存のミセス・アダルト対応へと方向転換されてしまうのです。

どの百貨店のどの売り場も同じ顔ぶれのブランドが展開されているので、消費者はサイズや色柄がフルラインで揃っている最も近い大型店に行くようになります。ミセスやアダルト以外はネットで購入することが多いので、「買い物」だけを目的に百貨店に行くことは滅多にありません。わざわざ百貨店に来店していただくためのＭＤ、百貨店に来店しなければ買えない、ネットでは買えない商品を展開する必要があります。だからこそ、オリジナル商品が不可欠になるのです。

来店しないと買えない１００％オリジナルの商品は現在、残念ながらどの百貨店もほとんど持っていません。オリジナル商品は、自社の店頭だけで販売するとなると生産数量が少なくなるため製造コストが高くなり、上代も高く設定せざるを得ず、その結果として売れないのです。上代を低く抑えようとすれば大量生産せざるを得ず、そうなると店頭以外でも販売しなければさばき切れません。このようにオリジナル商品の展開は難しいのです。

しかし、単品ではなくある程度のシリーズ化が望め、ブランド化されて複数購入される見通しがあれば、積極的に開発に取り組む価値があります。他社との差別化や高利益率という従来の目的以外に、集客という新たな目的の実現に向けて不可欠な存在になるからです。メーカーの撤退が想定される地方店や郊外店にとっては、売り場を維持するためにオリジナル商品が不可欠になる時代が、すぐそこまで来ています。

消費者が求めるＭＤは確実に変わってきています。単に商品だけではなく、生活自体＝ライフスタイルの提案を求めています。成熟社会の消費者には自分が志向するライフスタイルがあるため、それを満たす提案が必要で、商品のみを売り込んでも興味を示しません。これはあらゆる年代層に共通した意識となっています。

特に新しい情報に敏感なヤング層から自己の生活を豊かにしたいと模索するキャリア層やヤングミセス層には、その人自身が思い描くライフスタイルを具現化したＭＤが不可欠です。これらの層を取り込めない限り、百貨店はアダルト層だけが顧客層となり、先細りは避けられません。これらの世代を対象としたＭＤを構築することによって、その一つ上の世代も興味を示し、全館が活性化するのです。今後は高齢化が進んでアダルト層が年々増加することが想定されますが、彼らはこれまでのアダルト世代とは異なり、ライフスタイル志向の世代が加齢して構成されていくのですからなおさらです。

この世代は、いろいろな商材を必要としています。アダルト世代のようにひと通りの生活資産を揃えてはおらず、買い替えや新規購入の需要は十分にあるのです。百貨店が、展開面積で圧倒的に太刀打ちできない品揃えを誇る専門大店や得意分野に絞り込んだ専門特化型店に対抗するためには、自ら専門大店化や50貨店化することによって世代を超えた提案ができるＭＤを指向しなければならないのです。

その際に注意しなければならないことは、価格で勝負をしないということです。百貨店はあくまで「上質」「本物」「高級」の３指向がなければ、ＭＤ展開量で圧倒的に不利になるからです。例えば、ボリューム家具ならイケアに、高級家具なら大塚家具に勝てません。百貨店が生き残る道は、価格指向に向かうのではなく、消費者の垂涎（すいえん）の的となる高品質＝百貨店基準の商材をきちんと揃えることです。それによって、他店や異業種との差別化を図ることだけなのです。しかし、百貨店の売り場面積は狭いため、何でもかんでも提案するのでは意味がありません。テイストを統一する、素材を提案する、ここでしか買えない限定モデルを投入するなど明確な切り口で集めた商品のみが、キャリア層やヤングミセス層のニーズに応えることができるのです。

このようなＭＤを展開するためには、新しい売り場の開発が必要になります。単に複数のブランドを従来型のブティックで展開するだけでは、消費者の目には入りません。百貨店からの新しい生活の提案がビジュアルで分かり、手に取れる展開方法を考えなければなりません。従来のような小さなディズプレー（ＤＰ）コーナーではなく、売り場全体やゾーン全体での展開が必要です。消費者は、その空間を楽しみながら時間を消費して、自分の中でライフスタイルのイメージを膨らませるからです。ライフスタイル全体を表現するため、衣食住のすべての商品が同一展開されることが望ましいでしょう。そうなると、現在のアイテム別フロア展開や年齢別ゾーン展開ではなく、新規のライフスタイル提案型のショップやゾーンの開発が不可欠になってきます。消費者が望む情報を発信し、時間・空間消費をしてもらうためには、商品開発と同じくらい売り場開発が重要になるのです。

このＭＤ展開を早急に実現させるためには、消費者ニーズの深掘りや人間工学に基づいた売り場回遊性の向上や滞留時間を延ばすためのＶＭＤ戦略も必要になってきます。これらを論理的かつ学術的に学び、売り場の誰もが身につけることが大切になってくるのです。

しかし、ここで重要なのは、百貨店のターゲット層は30代後半からであって、決してヤング層はターゲットにならないということです。ヤング層では収入的に無理だからです。百貨店はユニクロと競ったり、共存したりはできないのです。

要因③　販売員のレベル低下

メーカーから派遣される販売員は、各種マネキンクラブに所属している人たちが中心です。メーカーが自社社員を派遣するケースも多くありますが、地方ではいまだマネキンクラブからの派遣販売員が主流となっています。

これらの人々は売り上げと連動した条件ではなく日当制なので、販売しようがしまいが収入が保証されていることもあり、おしゃべりや接客態度が度々問題になりました。これを是正すべく売り上げ予算達成に対してボーナスを出すところが現れた時には強引な販売が逆に問題になりました。担当メーカーの商品はしつこいぐらいにあれやこれやと説明するのですが、他社商品になるとまったく顧客を無視したり、商品をけなしたりするため、消費者からの苦情が絶えませんでした。これら派遣販売員は担当メーカーからきちんとした商品説明や製品説明、さらには販売手法を教育されていないのです。彼女たちに責任はありません。彼女たちの多くは臨時で投入されるケースが多く、年がら年中入れ替わることもあれば、便利屋扱いをされて数十年にわたり同じ場所にい続けていることもあります。どちらも顧客にとっては決して良いことではありません。

　現代の消費者に対して販売員は、製品知識はもちろん、商品知識を備え、そのうえでライフスタイル提案までできなければ、ただの入金マシンになってしまいます。そもそも今日の販売員は、複雑なポイント制度やカード制度など覚えなければいけないことが多すぎて、本業が疎（おろそ）かになっていることが多いのです。

　取引先の販売員が派遣されている場合も、同様に問題があります。「客の選り好みをする」という問題です。自社ブランドのコンセプトに合う顧客でなければろくに接客もせず、たいていは無視です。また昔からの顧客を大事にするあまり、売り上げが取れる固定客向けのＭＤを優先してしまうことも問題です。顧客と一緒にブランドも歳をとる運命となってしまうからです。特に新規顧客を獲得することよりも、固定客の来店頻度の向上や購買点数の増加、購買単価の上昇を大事にする傾向が強く、固定客に対してしか成り立たない接客をすることになり、客数も売り上げも先細りになっていくのです。予算さえ達成すればあとは手を抜くという傾向もあるため、大規模店舗の中でも一等地に出店できず、徐々に衰退するのみで店舗運営側も店づくりに力を注がなくなります。とはいえ、固定客のおかげで一定の売り上げは確保できるため、可もなく不可もなく存在こそするのですが、店舗側としてはリニューアルまでの存続と明確に割り切ってしまうのです。

デザイナーが代わって若返った商品に変更すると、「売れる商品を」とメーカーに牙をむくのもこの手の販売員です。ブランドが生き残りをかけて若返り、新規顧客をつくる戦略に変更したにもかかわらず、旧来の顧客しか保持していないために「これでは売れない」と大合唱するのです。会社の方針をまったく理解せず、保身に走る販売員の姿がそこにあります。

百貨店の自社社員販売員も問題があります。現在、百貨店は経費節減を推し進めるために、自社社員の形態をいくつかに分けています。中でも販売専門要員として時間給社員を登用している百貨店は多くあります。いわゆるパート社員で、販売職とも呼ばれていますが、担当する売り場と年齢的に合わず、ブランドに入れ込んでもおらず、好きでもない商品を積極的に好きになって情熱をもって販売しようなどとは夢にも思っていません。

かつては自分が担当するブランドが好きでたまらないという「プロ」がたくさんいました。給料はすべて商品購入に充てたという、この道一筋で担当アイテムに関しては日本一知っているという販売員たちが山ほどいたのです。自分の商品に誇りを持ち、惚れ込んでいたのです。

しかし、百貨店をはじめとする大手小売業は経費節減の名のもと、このようなプロを売り場から排除し、時間給のパート社員か、むやみに若いだけの何ら知識のない新人社員たちを販売ではなく「売り場管理」のために送り込みました。その結果が今日のあり様なのです。待遇面でも営業時間を延ばし、定休日をなくし、「効率が大事」と言いながら非効率そのものの目先の売り上げ確保に走った結果、優秀な販売員を確保することが敵わず、販売の質がどんどんと下がってしまいました。今になっては最低レベルの販売員すらなかなか集められなくなっています。最近になってラグジュアリー業界が音頭をとって、販売員の教育団体を立ち上げる予定だそうですが、これまでも日本アパレル・ファッション産業協会や日本専門店協会が人材教育を行ってきたのに、屋上屋を重ねるだけの無駄な動きだと思います。

優秀な販売員の確保は小売業界の可及的速やかに解決されるべき大問題ですが、ただ時間給を上げて使い捨てをするような外資ブランド的なやり方は、業界のために決してよくないと思います。販売専門要員の処遇に問題があるのは間違いありません。同じ社員でありながら、販売専門要員はどんなに予算を達成しても一般社員と比べると出世も昇給の可能性もずっと少ないからです。こんなことでは売り上げが伸びるはずがありません。働く環境も、小売業は他業種と比べて見劣りします。地価の高い都市の一等地に従業員用の休憩室やロッカースペースを設けるくらいなら、少しでも売り場にしたほうが売り上げを取りやすいからです。小売業にとってはお客様だけが神様で、従業員は神様ではないのですから。しかも最近は「株主様」という新手の神様も加わって、販売員の地位は下がる一方です。

　また、フルタイムの正社員はモノを売るためではなく、他の販売員の管理・監督のために売り場にいるというのが現状です。入社数年目の若造が朝礼で「今日の注意事項」やら「本日の予算」等を滔々（とうとう）と話しても、目の前に整列させられている古参の派遣社員やパート社員は聞く耳を持ちません。売り場では一番販売力ある人間が雇用の形態にかかわらず尊敬され、他人に意見が言えるのです。まったく販売力がなく、ただ正規社員というだけで、いったい誰が「販売における注意事項」等に耳を傾けるでしょうか。誰もおらず、形式的な朝礼が延々と虚しく続くだけです。

　百貨店はモノを販売して利益を出す企業なのですから、モノを売る販売員がもっと優遇されるべきで、販売員の福利厚生施設の拡充はもちろんのこと、もっと給与的にも優遇されるべきだと思いますし、販売専門要員の取締役がいても不思議ではないと思います。そこまでは一挙に無理であっても、少なくとも予算貢献度に対するインセンティブの制度は早急に導入すべき最重要の経営課題と思われます。

加えて、高卒者をもう一度採用すべきです。現在、多くの百貨店は高卒を採用していません。自ら保持する社員は少数で、それも売り場での販売ではなく、派遣社員中心の売り場を管理させるために大学卒を採用しています。しかし、自社社員で販売をしっかり行うことは小売業の要であり、自社売り場・自社販売員はなくてはならないのです。将来的に十分な商材確保ができなくなった時に、あるいは利益確保のためにＰＢを開発した時に、自社販売員がいなくては誰が売り場を支えるのでしょうか。販売に学歴は関係ありません。小売りは「頭を下げていくら」なのですから。

同時に、専門教育を受けた専門学校出身者の採用も検討すべきです。ファッション売り場にはファッション専門学校出身者のほうがより早く馴染むことは間違いないからです。総合職ばかりでなく、ファッションのバイヤーコースやマーチャンダイジングコース、ブランド店長コースなどの専門職制導入も不可欠です。何もできない総合職より、専門領域のプロの育成を図るべきです。

さらに、国際化の進捗に際して、外国籍の社員採用も避けては通れません。今後は外国の言葉や風習に慣れていることが、販売でとても重要な要素になってきます。現在、積極的に外国籍の販売員を採用している百貨店はありません。採用しても人材活用とは言えない部署や後方部門で働かせ、販売員として効果的に活用しているとは言えない状況です。売り場で外国籍の販売員を見ることが当たり前になる日はそこまで来ているのにです。

販売員の活性化を図るということは、お客様に対して評判の良い販売員を数多く揃えるということと同義です。お客様に支持される販売員を一人でも多く抱えることは、それだけ売り上げを上げられるということを意味します。だからこそ、百貨店はいかに販売員の技量アップを図るのか、モチベーションを上げるのか、常に考えるべきなのです。かつて消費者は「何を買うか」が大きな関心事でしたが、次には「どこで買うか」に変わり、現在は「誰から買うか」が最大の関心事と言っても過言ではないのですから。

海外、特に米国の小売業では、販売員は「基本給＋売り上げ歩合」制度が基本になっています。にこやかに接客してくれる店はインセンティブ制度を導入していることが多く、導入していない店はスーパーマーケットやドラッグストアのようにセルフサービスがベースで基本的にサービスがない業種です。消費者と直接接する販売員は、拘束の長い労働時間や土日の出勤、休日取得の難しさなど、労働条件としては決して恵まれているとは言えないのが現状です。それゆえ、小売業に就業する若手はもちろんのこと、一般転職者も長続きしないと言われています。このままでは飲食業種と販売業種で優秀な人材確保は難しくなる一方で、頭数さえ揃わなくなり、過剰労働が増えざるを得ない危険を常にはらんでいる業界になってしまうでしょう。

伊勢丹は2016年度から一部販売員にインセンティブ制度の導入を始めました。同社は販売員が「やる気」を出さなければ売り上げ予算を確保できないことを知っています。日本で一番売り上げの良い百貨店が将来を見越して導入するのです。制度の導入には組合の了解が不可欠ですが、伊勢丹の労働組合はこの制度は組合員の差別化になるとは考えておらず、むしろ悪平等に胡坐(あぐら)をかき、「すべてが平等でなければならない」などといった幼稚な判断をしなかったことは大変進歩的だと思います。いや評価すべきです。この時代の要請に合った実験がどのように推移するのか、大変興味があります。

この制度がうまくいき、全販売員にインセンティブ制度が導入されれば、小売業の現場はもっと活気づき、人材も確保しやすくなり、優秀な人材がもっと入ってくることでしょう。小売業はもっと時代に合った仕組みづくりをしていかなければ消費者から相手にされない業種と化し、あっという間に時代の波に飲み込まれてしまいます。

要因④　商品展開方法と新規売り場開発の遅れ

百貨店は自主編集売り場や単品平場を廃止して、どのアイテムにおいても消化仕入れによる取引先ブランド別展開が主力になっています。これらのブランドは売り場の大小を問わず、恒常的に壁を立てたブティック展開を希望してきます。ブランドの独立性とグレードの維持という名目で、箱型ブティックを要求するのです。箱を持つほど実力がないと自覚しているブランドでさえ、「1面の壁は欲しい」と要求してきます。

百貨店は「効率化」という名のもと、人件費削減や在庫圧縮のために取引先からの派遣販売員ということを大原則として事業構造が成り立っているので、取引先から販売員を派遣してもらう以上、ブティック形態のショップ展開が多くなってしまうのです。ブランドに撤退されると代替のブランドがないためと、管理が楽という事情もあります。

それに対して、アメリカの百貨店は売り場展開の思想が進んでいます。3面壁を持つラグジュアリーブランド、2面壁を持つ次世代ラグジュアリーブランド、1面壁を持つ今後期待できるブランド、壁なしの新人登竜門と一般ブランド、という売り場展開の基本ルールが厳然とあります。人気が出ると段階を上っていき、面積も一段上るごとに大きくなるという、誰から見ても何が流行っているのか、何をこの店は売りたいのかが明確で分かりやすい展開になっています。

平場のブランドは個別の試着室を持てず、フロア内の共通試着室を使用します。販売員は基本的にサイズを探すことが主力業務で、似合う似合わないは消費者自身が決め、尋ねられれば答えるといったレベルです。特にここ4～5年ブームの婦人靴は大きなサロン型売り場が多く、グレード別に壁のない売り場でゆったり座らせて（当たり前です。立ったまま靴を履かせるなんてことはあり得ないのです）、消費者に対応しています。

ブティック展開は通路側から消費者が商品を見るにはとても見づらく、入りにくい印象を与えます。買う目的以外の下見客やウインドーショッピング客にはとても嫌なものだと思います。すぐに寄ってくる販売員も嫌ですが、まったく無視する販売員も嫌な感じです。壁は見通しを悪くするだけでなく、色やデザインが各ブランドの独自色を出すため、フロアとしての見た目もバラバラ感が強くて汚いですし、新規顧客を取り込むよりは既存顧客向きです。さらに、そのブランドが不調になって入れ替えようと考えても、要塞のように構築的に造られたブティックは償却が済むまで入れ替えられないという悪循環になり、新

閑話休題 05

試着室に見る欧米の百貨店との違い

日本の百貨店で最も貧弱な施設は何でしょうか。それは試着室です。工事現場のトイレよりも狭く、とても中でゆっくり着替えなどできる大きさではありません。しかもライトは蛍光灯が多く、夏場はその熱でとても暑いのです。欧米の試着室とは比べ物になりません。

規のブランド展開がリニューアル時以外はほとんど不可能という硬直した展開になっています。売れたからといって売り場を広げるのも同様に不可能で、機動性にまったく欠けてしまっています。変化の大きい現代に、1シーズンごとにブランドを入れ替えるくらいのスピードが求めてられているにもかかわらず、です。

各百貨店には店全体の環境テイストを統一するべく建装部門がありますが、現在はほとんどが取引先の言いなりで、一部外注で社外デザイナーを起用した場所以外は惨憺（さんたん）たる状況の店舗が多いのが現実です。リニューアルになり、建装部門の担当者が自分たちで設計を仕切ろうとすればするほど、彼らの作品群の発表の場でしかない、使い勝手の悪い大失敗の改装となってしまいます。

この10年間で成功したと言われる改装は残念ながら見当たらないのが実情です。その理由はリニューアル（※3）

や改装を「何の目的で行う」のかが非常に曖昧で、単にリフォーム（※4）でしかない改装がほとんどだからです。MDゾーンの連続性を考えた買い回り施策や、滞留時間を延ばして消費チャンスを増加させるべき消費者の溜り場的空きスペースや休憩スペースなどは、効率化の名のもとにすぐに却下されてしまいます。そのフロアのMD戦略自体が不明確になり、消費者の購買意欲を高めて消費に持ち込む基本戦略など微塵も感じることができません。

特にラグジュアリーゾーンは、担当者が未熟だとブランド価値の理解が不足し、ブランドの順位を無視してしまう傾向が数多く見られます。一番交渉しやすいブランドから交渉するため、一等地を三流ブランドに渡してしまい、それより格上のブランドに二等地を平気で提示し、「彼らは未熟で、MDを理解していない」と受け止められて出店してもらえないか、別のフロアのさらに良い立地を要求され、収拾がつきづらくなってしまう。そして全館のMD構成やフロア導線が狂い、分かりづらく買いづらい店舗となってしまうのです。

MD面では、小さく細かく売り場を分けて、1社でも多くの取引先を導入したほうが各社が競って売り上げを上げると信じ切っています。ブティックで10～15坪、2面ブティックで7～10坪、1面ブティックで5坪、入れ込み型で3～5坪が標準ですが、ブティック型でも欧米と比較すると小さめなのに、入れ込み型となるとブランドのフルライン展開などとてもできません。結果、特徴ある商品が店頭に並ばず、今季の売れ筋商品ばかりが前面に出て、どこのブランドも同じ商品しか店頭になくなってしまうのです。

取引先は販売員を派遣しても、かつてはその人件費を差し引いても利益が十分に取れたのでしょうが、昨今はかなり赤字化していると思われ、売れる大型店があるからお付き合いで出店していた地方店や郊外店はあと1～2年で撤退の嵐が始まると思います。だからといって取引先に真剣に新規売り場開発について相談しているかと言えば、まったくして

※3　リニューアル＝基本コンセプトを修正し、新規顧客を取り込むための新規ブランドゾーンを構築し、既存顧客の来店頻度向上や購買単価増加、購買点数増加などの売り上げ以外の目標を数値化して持ち、リニューアルした後、これらの目標値が予定通りか検証し、再調整することを言います。しかし、ほとんどのリニューアル後は売り上げの増減のみを気にかけ、一喜一憂し、せっかくの新しい試みも次の担当者によりすぐに中止させられ、リニューアル前の安全パイMDに戻ってしまうのです。3年、いや2年も我慢できないのが今の百貨店です。

※4　リフォーム＝コンセプトやターゲットを見直すことなく、ただ売り場を新規にキレイにするだけ。これでは新規顧客などは絶対に増えず、既存顧客も贔屓のブランドが場所移動でもしようものなら、なくなったと思って顧客が離れてしまい、来店しなくなることがよく起きてしまっています。結果、リフォームはかかる費用に対して効果が少なく、あまり行われてはいませんが、リフォームで終わってしまっているリニューアルが多いのです。

いません。商品に関するリード権を取引先に渡してしまった百貨店としては、ショップの場所と大きさに関しては最後の既得権とでも考えているのでしょうか。

これからは、競合店分析と自店分析によって自社顧客の特性を把握し、次に欲しい客層を明確化して、地域一番主義の展開をすべきだと思います。競合店や周辺からの集客も含めて売り上げが取れるブランドを地域一番の大きさで展開し、そのブランドでは自社がすべての品揃えを誇るという展開を敷くべきだと思うのです。

ネット時代も考慮して、常にフルサイズ・フルアイテムが店頭で展開されているということは今後、重要な意味を持つはずです。さらに大型ショップ展開を行い、同一取引先の複数ブランドを一括展開し、足りない商品は共同開発するぐらいの協調関係で売り場を開発できれば、取引先の派遣人員も複数ブティック展開する時よりも数段少ない人数で運営でき、効率化が図れます。このような大型ショップがフロアの四隅にできれば、期せずして新ライフスタイル展開がしやすくなり、百貨店が喉から手が出るほど欲しがっている30～40代のキャリア層を必ず集客できるはずです。

確かに細かく小割りにしたショップより売り上げは見通しづらいですが、新ライフスタイル型ショップになれば、単品販売ではなくコーディネート販売がしやすく、売り上げは

閑話休題 06

通路に椅子のある百貨店は日本だけ？

日本の百貨店ではトイレの前や階段の踊り場などに椅子が置いてあります。ひと休みして、また店内を回遊していただくための工夫です。しかし居眠りやおしゃべりの場所と化し、百貨店の悩みの一つになっています。海外の百貨店では､椅子は各ブティックやコーナーの中にあり、通路に置かれることはありません。「買い物をされる人が顧客」だからです。ロンドンのセルフリッジズでソファに座っていたら、「VP 用の椅子なので早くどいてくれ」と言われました。店の環境に関する明確なコンセプトがある証拠です。

結果として伸びることが期待できます。しかも、最大経費の人件費は半分以下へと大幅に削減でき、そのうえ利益幅も大幅に改善して、少なくとも現在の２倍にはなると思われます。そこで出た利益は百貨店側に率で還元できるはずであり、そうなれば消費者も店舗も取引先も、三者とも良くなるはずです。

百貨店も、取引先も、消費者も、みんなが現在の百貨店売り場に不満を持っているのなら、早急に百貨店は売り場の新規開発をすべきです。現在はスピードとの競争時代でもあります。現状のようにすべての売り場を取引先に渡し、百貨店の自由になる売り場がないと、期の途中で新しい取引先が見つかっても、いつになるか分からない次のリニューアルを待つか、売り上げの悪いブランドがあればＭＤの流れなどを無視してでも入れ替えるか、どちらかしか方法はありません。いずれにしても旬を逃しての導入となり、結果として思ったほどの効果が出ないことになります。

壁を持ったショップ群では、売れて拡大するにも、売り上げ不振で入れ替えをするにも、時間がかかりすぎることは致命的です。阪神百貨店が西宮店や本店で行った置き什器式による「売り場拡幅自由型」などは大変効果的だと思います。伊勢丹新宿本店の1階も、消費者が自由に什器の間を通れるようにして、顧客の滞留時間は伸びているそうです。

百貨店ではないですが、カルチュア・コンビニエンス・クラブが代官山に２０１１年に出店した「代官山Ｔ－ＳＩＴＥ」は、革命的でした。モノを売るためには贅沢すぎるほどの空間は、モノを売るのではなく時間と空間を楽しんでもらうためにセットされた舞台装置で、消費者はその空間と時間を楽しんでいます。土日には犬を連れた家族連れから専門書を探しに来た学生、図書を見て半日を過ごす若い人たちでごった返しています。20年前に言われ始めた時間消費や空間消費が、現在に根づいた証拠でもあります。15年にオープンした二子玉川店も、スターバックスでコーヒーを買ってご近所さんたちとおしゃべりを楽しむ主婦で溢れ返っています。

これらのショップには、単にモノを買ってさっさと帰るという消費行動ではなく、時間も、空間も、そしてショッピングも楽しんで過ごすという、成熟した消費行動に対応する基本が詰まっているように思えます。単に収入や職業で消費者を分類できなくなった現代の新しい消費提案の一つが、このような売り場開発なのです。

単に見かけが良いとか高級っぽいソファが置かれているとか、うわべだけが生活提案っぽいのではありません。消費者のこれからの消費行動をマーケティングしながら探っていき、自社の存在価値を提案し得るコンセプトを固め、それを具体化していく。そのプロセスで、現代の消費者は何を望んでいるのかを具体的に試行錯誤しながら、時間消費・空間消費のあり方を提供しています。新しい消費者ニーズの括り方を模索しているのです。無印良品も本と雑貨の混合態のショップ展開にチャレンジし、サザビーやユナイテッドアローズなども新業態開発による消費者ニーズへの対応に余念がありません。

百貨店における新規売り場とは、ライフスタイル型編集売り場です。専門店では展開できない規模で、世界から集めた商品を、ＶＭＤで見せながら、教育を受けた一流販売員による洗練された情報とともに、消費者に提供することです。複数の切り口を持ち、消費者にとって明確で夢のある生活提案をすることです。

要因⑤　自主売り場・自社販売員の欠如

今の百貨店では、バイヤーが新規商材を導入しようとしても「どこで売るのか」、場所探しからして大変です。既存の場所に割り込ませようとすれば既存ブランドから権利を主張され、期の途中から新規商品の導入を図ることはまず不可能で、リニューアル時でないと入れ替えは不可能に近い状況です。ましてやバイヤーのオリジナル商品や百貨店のＰＢ、ハウス商品を展開することはほぼ不可能です。

なぜなら、現在の百貨店には、自社販売員で運営されている自主売り場がほとんど残っていないからです。期初からの展開を予定しても、ブランド入れ替えの折衝は簡単ではありません。都市部の大型百貨店であっても、たいていは地方店や郊外店を人質の如く取られており、このような売れない店舗に出店することのバーターとして大型店舗に場所を確保しているため、メーカーは簡単には入れ替えに応じないのです。売り上げの取れない郊外店や地方店ならメーカー自体が撤退したがりますが、都市部の大型店舗では売り場死守がメーカーにとって至上命題なのです。

次に、場所を確保できても、「誰が売るのか」という課題にぶち当たります。百貨店は現在では自社販売員をほとんど持たないので、メーカーからの派遣が絶対条件になります。

小さなメーカーの商品はこの点がネックとなり、まず導入を断念せざるを得なくなります。場所と販売員の問題が解決しても、メーカーの企業規模や、どこと取引しているのか、前年実績はどれくらいあるのかなど、商品とは関係のないことで口座が開けないケースも多くあります。

結局、すべての課題をクリアして商品を導入するまでに優に半年はかかり、話題商品を旬なうちに導入しようとしても時期を失してしまうのです。今日テレビに出た商品を話題が冷めないうちにすぐに導入できれば、常に活気あるフロアづくりができるはずです。多くの場所貸し業態の施設（駅ビルやファッションビルなど）と比べて本来なら大いに優位を誇れるはずの「即時性」を百貨店は自ら失ってしまっており、まったくもって残念なことと言わざるを得ません。

消化仕入れのブティックを年々拡大していくのは、百貨店の自殺行為以外の何物でもないと信じています。楽な方向へ行けば行くほど百貨店に明日はないのです。商品展開の独自性、即実行性、話題性を勝ち取るために、百貨店は自主売り場と自社販売員を絶対に確保・維持すべきなのです。

中途半端にテナント化を推進するくらいであれば徹底的に社員を整理・削減すべきです

が、百貨店として生き残ろうとするのであれば、後方部門から1人でも多くの自社社員を販売員として売り場に投入し、派遣販売員ではなく自社社員で販売に専念することが王道ではないでしょうか。

現在、一部の百貨店で自社販売員を増加させようとする動きがあります。喜ばしいことですが、その実態をよく見ると臨時社員や時間給社員といった新しい形態の社員で、待遇面で正社員とは雇用形態が大きく異なります。一生懸命に働いても、認められて出世するどころか、ずっと変わらない給与で働けるだけ働かされ、最後には販売に対する希望を失って離職してしまう。定着率が極端に低いため、ブランドの売り上げは低迷し、展開して1年も経たないうちに中止され、また新しいブランドがゼロから立ち上げられる。こんなことが延々と繰り返されていくだけなのです。

自社の威信をかけた自社売り場を成功させるためには頭数だけ販売員を揃えればよいという、あまりにも官僚的なやり方です。失敗したら売り場のせいとばかりに冷ややかな目で見ている人事部が多いことは、ほとんどの百貨店に共通しているようです。こんな輩(やから)が自社ブランドの役割や意味、さらには希望を理解しているはずもなく、百貨店の明日への希望を一つひとつ潰しているのです。

要因⑥　物づくり機能の衰退

現在、企画から生産まで自社で行うＰＢ政策を採っている百貨店はほとんど見かけられません。オリジナル商品と称しているのは、取引先が作った商品のタグや織ネームに自社ネームをつけただけの「ハウスブランド」で、これをＰＢと呼んでいるのです。かつてのように利益確保、率向上、競合他社との差別化といった明確な目的を持ち、「さすが」と言われるほど他社を圧倒する売り上げを生み出す、百貨店の威信をかけた商品は見当たりません。なぜなら、自社で完売するだけの商品量では、とてもオリジナルのＰＢ商品の量を生産できないからです。販売し得る量だけ生産したのではコスト高になり、上代に競争力が生まれません。利益最優先の現状の百貨店では、とてもＰＢを作るだけの余裕がないことは事実です。それゆえ、他社との差別化戦略としてのＰＢ商品はほとんど存続し得なくなり、百貨店から消え失せてしまいました。

そうした中でも、伊勢丹の「アナスイ」のように、各百貨店が欲しがるまでに成長したブランドもあります。これは差別化戦略ではなく、ブランド拡販戦略によって広げていった結果として、大きな利益をもたらすことに成功したのです。このように従来と違って各社に拡販していくことも、新ＰＢ戦略としては重要でしょう。しかし残念ながら、他社が欲しがるほどのブランドはファッション分野ではアナスイぐらいで、他には食品にしか見当たりません。「フォション」「リンタイフォン」「ルロワ」等が百貨店のＰＢであり、どのブランドも自社内のみでの展開ではなく、広く各施設へ出店し、利益を出しています。しかし、これらは厳密にはＰＢではなく、日本オリジナル商品であっても独占ＰＢです。

ハウスブランドや独占ＰＢであっても、メーカーと一緒に物づくりを勉強するだけでも、まったく何もしていない百貨店と比べれば、ＭＤに雲泥の差が出てきます。上代設定をするためには、コストの把握が不可欠になるからです。素材や材料、副資材、付属は言うに及ばず、衣料であれば色染めをするために最低単位が何キロか、バッグであればどのような皮を材料にすれば無駄なく生地が取れて１デシ20円以内に収まるのかなど、モノの本来価値をきちんと理解するだけでも大変な収穫だと言えます。現在のバイヤーに商品が高いか安いかを尋ねても、材料費や縫製工賃、付属費と積み上げて原価を算出し、そこから上代を想定して価格が高いとか安いとか評価できる人はほとんどいません。「デザインが良い」「トレンドであるか否か」で勝手な価格設定をするのが関の山です。物づくりによって製品原価を読めることはとても重要で、最も基本の業務であるにもかかわらず、です。

さらに、現状ではメーカーが在庫過剰を恐れて、売り上げを取りにいき商品を売れ残すより「売り切れ御免」のほうをまだ良しとするので、なおさら商品供給に陰りが出る可能性が高まっています。特に地方店は、メーカーによる売り場維持が大変困難な状況下にあります。まだ儲かる都心の大型店との取引があるからこそ、暗黙のバーターとしてお付き合い出店しているだけなので、いつ撤退されるか分かりません。撤退された時に、自社で商品を持っているか否かはとても重要になってきます。単なる高利益確保やイメージ向上ではなく、純粋に売り場維持のために自社商品が不可欠になってくるのです。

地方店が単独で物づくりはできないので、どうしても本社で一括して物づくりをする部門が必要になります。この認識から伊勢丹は16年にＭＤ本部を設けるそうです。各店バラバラの仕入れでは、とてもニーズに対応できないのです。

昨今、外部のコーディネーターなどをバイヤーとして迎える傾向があります。カンフル注射的な効果はありますが、サンプルやイメージ写真を持ってきて「こんなイメージ」とか「生地を載せ替えて」といったレベルの内容では、バイヤーは育ちません。やはり、糸から製造工程まですべてを把握し、コストも分かり、製造期間や付帯業務のすべてが分かっていないとモノは作れないのです。表面ヅラだけでは利益はもたらされないのです。消化仕入れに慣れたバイヤーたちは、今から準備しても最低３年は継続して物づくりに取り組まなければ基本を覚えられないでしょう。今の百貨店で、売れなくても3年我慢して物づくりを続けることは大変難しい問題です。それほど百貨店の仕入れ機構は弱体化していま す。今から復活させておかないと大変なことになるでしょう。

以上のように、百貨店衰退の主因は、これまでの成功モデルが通用しなくなったことです。戦後すぐに開発された組織・機能や店舗運営方式が70年経って制度疲労を起こし、社会の流れにまったく追いつけていません。ネットのような革命的ツールがあっという間に市場を席巻しても、いまだ具体的対策を持ち得ていません。

従来のやり方の改良版を後生大事に守っていくだけでは根本から違ってしまいます。かつての先輩たちが行ってきた「流通革命」の如く、まさに今、小売りのあり方――品揃えの仕方、商品の見せ方、売り方、すべてを見直し、再構築することが求められています。これができなければ百貨店に明日はないのですが、現在の百貨店の多くは「いったいどうしたらいいのか、ただただ途方に暮れている」だけです。すべてが前年主義で、効率主義で、大艦巨砲主義で、ネットに象徴される新しい時代の流れをまったく読まない、読めない、読みたくないことからの転換が、百貨店の最大の課題なのです。

特に、百貨店を支えてくれているメーカーや問屋が弱体化している今日、メーカーや問屋の上に胡座をかいているだけで、ともに新しい時代を築こうとする姿勢が百貨店になければ、メーカー・問屋は百貨店から嫌でも撤退せざるを得ない状況です。すでに路面や郊外・地方で衣料大手４社だけで２千店にも上る店舗が閉鎖され始めています。これらの取引先が百貨店からいなくなる前に、百貨店は目を覚ますべきです。

第2章 多様化・多層化する消費者

～「自分軸」消費という第四の波

ユニクロが起こした機能革命

「安い」から「良くて安い」へ

消費者はバブル崩壊とリーマンショックの後、初めて経験したデフレ時代を背景に大きくその消費行動を変化させました。高度成長期の最後を締め括るバブル絶頂期の高級品・ブランド品一辺倒から、企業の業績不振による株価低迷や預金金利の未曽有の低金利などを受け、消費志向は１８０度転換しました。消費者は生活防衛のために、まず「価格が安いこと」を消費行動の大原則としたのです。

しかし、それ以前の不況時と違い、ただ「価格が安い」だけでは消費者の購買意欲は活性化しませんでした。消費者は、「価格が安い」というキーワードの前に「モノが良い」を新たなキーワードとして付け加えたのです。「モノが良くて、しかも安い商品」です。「品質やテイストの良さや目新しさ」といったニーズはそのままに、「安い」が付け加わった要求でした。バブルを経験した消費者は「本物」を経験しているため、単に価格が安いだけの商品には満足できないという当然の帰結と言えます。

この要望に応えたのが、ユニクロに代表されるＳＰＡ（製造小売業）の商品群でした。ＳＰＡ商品群は、従来の「低価格」に加えて、素材の良さや流行性だけでなく、「機能」（※１）の付与を前面に打ち出したことがとても時代に合っていました。「良くて安い」とは「安いうえにちゃんとした機能がある」ことという、新しいコンセプトを持った商品が初めて登場した瞬間でした。

機能を前面に打ち出したＰＲ戦略は消費者の目に新鮮に映り、新たなニーズを喚起し、一大ブームにまでなったことは記憶に新しいところです。それまでの機能を前面に打ち出した商品は「安いけれど……」という消費者の不満に対して、「こんな機能があって便利で

※１　ユニクロの新機能商品「ストレッチジーンズ」＝今までのジーンズはカットデザインが最優先課題で、履き心地は二の次でした。しかしユニクロは履き心地に目を着け、「伸びる機能」を持った「ストレッチジーンズ」を開発し、あらゆる年代層およびファッション感度が高いレベルの顧客への対応を可能にしました。結果、年間生産量は２００９年度から毎年１千万本を遥かに超えています。

すよ」という欠点カバー的な意味合いが強い商品が多かったイメージがあっただけに、明確な機能を前面に出した商品は斬新でした。「軽い」「暖かい」「薄い」「動きやすい」「伸びる」など、着用するからこそ分かる機能性に特化した商品としても画期的でした。

以前にも形状記憶合金を使用したワイシャツなどのヒットはありましたが、それは洗濯した後にアイロンが要らないという機能性であり、着用時の機能性とは異なります。事実、安くても機能性が不十分で、すぐに着られなくなったりする商品や、機能性を前面に打ち出さず、従来通りのデザインや感性による商品はほとんど売れませんでした。同じような商品でもザラのストレッチパンツは売れ、トップショップは売れず、ユニクロのヒートテックは売れ、イトーヨーカ堂のより低価格のプライベートブランド（ＰＢ）下着は売れませんでした。後者は安くて良いモノであり、さらに機能性が優れているかという点で問題があったのです。

この傾向は拡大し、一般的にはファッションから食品まで低価格志向が蔓延して「良くて安いが当たり前」の時代が到来しました。食品なども「美味しくて安い」は当たり前で、低脂肪ミルクを使用してダイエットに良くて美味しいとか、雑貨などもデザインの良さは当然で別途機能を付加されている商品などが当たり前になりました。

イケアの日本再進出（※２）も、この時期に焦点を合わせて果たされています。再進出の20年前には、その低価格で北欧の合理性を持ち合わせた商品は、日本市場ではまったく必要とされませんでしたが、バブル崩壊後に成長した世代はそれを認めたのです。自分で持ち帰って自分で家具を組み立てるというスタイルと、価格が安いという安心感が受けました。それまでの低価格家具は文字通り実用一辺倒で、家具というよりは「入れ物」でしかありませんでした。極限までシンプル化されたイケアのデザインは、それ自体が機能的だったのです。

その後、日本の商品はほとんどすべてと言ってよいほど、「良くて安い」を追求し、商品の基本である品質や価格、それにデザイン力を世界的レベルにまで高めました。「安いが品質は悪い」といった商品は市場論理により駆逐され、生活の向上に大いに役に立っていったのです。そして消費自体は高額品を除いて順調に推移していました。

※２　イケアの再進出＝１９７４年に、三井物産資材部と湯川家具、チトセ、東急百貨店が合弁会社「イケア日本株式会社」を設立し、千葉県船橋市に1号店、神戸市に2号店を展開し、小売りと卸を開始しましたが、86年に日本から撤退。２００６年に再度、船橋市にオープンし順調に推移しており、20年までに14店舗体制を計画しています。

「価格の多様化」と「使い分け」の始まり

消費者は未曽有の商品低価格時代を迎え、しばらくは「低価格＋有機能」の商品に大満足していましたが、一方で「従来の価格」に対する不信も芽生え始めました。従来と同等、またはそれ以上のレベルの商品が、従来とは比較にならない低価格で販売されたからです。いったん芽生えた価格への不振は徐々に広がり始め、単に価格が高いとか安いとかではなく、企業が設定する価格に対して圧倒的不信感を抱くようになったのです。「企業は利益を取りすぎでは？」と消費者は考えるようになり、旧価格ゾーンに見向きもしなくなりました。購入を少し待って新製品を買ったほうが確実に安くなるのですから。「こんなに良い素材で、良いデザインで、機能的で、便利で」素敵な商品が「こんなに安く買える」のであれば、もはや従来価格でモノを買うことはあり得ないと考えるのは自然なことでしょう。

企業は売れ残り商品の償却経費や販売員経費、物流経費、さらに宣伝費まで負担するので、不当な利益率を取っているわけではありません。食品に関しても廃棄ロスや円安による材料輸入費の高騰、海外製造コストの上昇など、逆に厳しい状況であったはずです。しかし、消費者は従来価格では商品に見向きもせず、「良くて安いのが当たり前」という認識が定着したため、メーカーは価格を元に戻すことは不可能と判断し、低価格を維持するだけではなく、さらに価格を下げることに力を入れ始めました。

例えば、牛丼の値下げ競争は記憶に新しいところです。２０００年に始まって何度かの値上げと値下げを繰り返し、現在は低価格で落ち着き、メーカー間の我慢比べが続いています。メーカーは競合に勝つため、１円でも安くと生産コストの安い国々へ工場を移転しました。消費者の価格に対する信頼を取り戻すためには避けては通れない道でした。これは消費者にとって大変良いことでしたが、メーカーにとっては大変な苦労の始まりでした。上代を下げるために生産コスト削減による利益確保を目指したため、人件費の削減や工場の統一、後方部門の委託化など全業種であらゆるコスト削減が試みられたのです。

ブラック企業が問題になり始めたのはこの頃です。どんなに企業が生産現場をよりコストの安い遠い国に移し、正社員ではなくバイトやパートを主力化して人件費を削減しても、コストを下げる一番の方法は相変わらず「大量生産・大量販売」方式でした。ユニクロの成功は、この考え方にさらに磨きをかけました。その結果、売れない時代にもかかわらず、低価格商品が大量に市場に出回り、同じような商品の強烈な食い合いが発生し、少しでも価格が高く設定されていたり、少しでも品質が劣っていたりした商品は競合に駆逐されました。生き残るためには「自社の独自性」を高めた商品か、売れ筋が出た時にいかに速くコピーして安く市場に出すか、の2点に絞られたのです。どちらかの方策を採り得なかったメーカーは市場から消えていく運命にありました。

しかし、自社の独自性を高めた商品およびブランドは、どんなに売れても必ず色・サイズにおいて売れ残りが発生します。衣料にかかわらず、どんなアイテムに関しても、従来の小売業全体の思想である「欠品は販売ロス」という考え方から脱却しない限り、在庫は必ず残るのです。特に百貨店は委託・消化商売のため、売り場に商品が少ないということは許されません。夕方の食品売り場は言うまでもなく、雑貨や衣料に関しても、売り場に商品がなく売り逃しを発生させることは回避すべき重大事項の一つとされています。

各メーカーは低価格の維持と売り場の維持のために、商品を大量に作り続け、結果として売れ残りのロスを抱える羽目になりました。当初はこの売れ残りについても利益率を設定していて、バーゲンもまだまだ売れていたので、メーカーも何とか凌いでいくことができました。しかし、他社との差別化を推進するためにＳＫＵ（最小管理単位）を増やしてきた各メーカーは、定価で販売できる商品量が増えない状況下では在庫が増え続け、どう処分するかが大きな課題となりました。売れ筋コピー商品も先行メーカーに負けないため、より価格を下げ、数量を売る必要があるので大量生産を行っていましたが、短期間で総量販売はとても難しい状況でした。どちらの方策を採っても在庫処分がとても大きな課題として圧しかかってきたのです。

在庫の問題はいつの時代にも存在し、期末処分という考え方は戦後70年も続きました。バーゲンセールが大きなパワーを持っていたバブル崩壊前までは、バーゲン専用商品（※3）まで作っていました。これが売り上げ拡大の大きな要素となっていたくらいです。

その頃までは、百貨店顧客、専門店顧客、スーパー顧客、ディスカウント専門顧客と明らかな階級・階層が存在し、トップに君臨する百貨店商品から順次、ボリュームゾーンへ商品を移動させ、値下げさえすればほとんど処分できていたのです。しかし、低価格商品ゆえ従来のような大幅な値下げができず、低価格から多少下げたからといって飛ぶように

※3　バーゲン専用商品＝バブル崩壊まで当たり前のように存在しました。商品がんどん売れていた時代はバーゲン期に残っている商品だけではとても足りず、メーカーはシーズン最中に売れた商品の廉価バージョンを大量に作り、店はバーゲン用に新たな仕入れを相当量行っていました。ファッションだけでなく食料品でも「中元セット崩れ」と称して、バーゲン用商品を大量に販売し、今でも人気があります。これらは賞味期限が短く、かつ内容量が少なかったりする商品も少なくありません。

売れることはなくなりました。そのため、大量の在庫をさばく必要に迫られました。そして低価格を維持するため、大量生産・大量販売を行わなければならないアイテムや商品は、いわゆる定価販売だけでは生産した分を販売しきれず、最初から値引き販売を想定した物づくりをせざるを得なくなったのです。

従来から多少の値引き販売は「売れ残りの処分」という意味合いが強く、夏・冬の二大セール以外はバーゲン用として仕込む商材はあまりありませんでした。しかし、バーゲン期間以外でも大量生産した商品をさばくために、メーカーは生産当初から値引き販売の可能性を模索し出したのです。価格の並列をメーカー自身が認めざるを得なくなり、かえって積極的に値引き販売をしてでも商品をさばくことを優先させる事態にまでなっていきました。アウトレットの隆盛はこのことを裏づけています。アウトレットでの販売が主目的で、短期間だけ定価販売（同時展開もありで、下手をすると店頭展開なしすらも）し、その後すぐにアウトレット展開をするメーカーまで出現しているくらいです（※4）。

さらにメーカーは、アウトレット以外でも大量処分できる場所を探し出しました。既存の小売業者があまり積極的にその価値を認めていなかったネット販売です。店頭で無駄に在庫にしておくより、ネット在庫として一括保管したほうが運用効率が数倍も高いからです。現にユニクロはイレギュラーサイズ商品をネットのみで販売し、店頭のフェイス効率を高めています。消費者も店頭でサイズを問う前に、自分のサイズの在庫があるかないかをネットで調べ、在庫がある店舗に出向くというスタイルが定着しつつあります。専門店ではユナイテッドアローズがいち早くネットの活用方法を模索し、ネットとリアルの融合施策を開発し、ノウハウの蓄積が進んでいるようです。

在庫の効率運用以外にも、ネットを活用する別の意味が見出されてきました。「一物多価格」の容認です。ネット上では定価から大幅値下げ価格まであらゆる価格で同一商品が販売されていて、消費者は自らのニーズに応じて商品だけでなく価格まで選択できる。１日も早く商品を受け取りたい人や、１円でも価格が安いほうがよい、きちんと包装してくれたほうがよい、ブランドの正規品保証が欲しいなど、同じ商品であってもそれが欲しい人の目的に応じて選択できるのです。消費者はネット上でいとも簡単に価格比較が可能にな

※４　アウトレット＝専用に商品を作っている某有名ラグジュアリーブランドもあるくらいです。アウトレットの売り上げ自体が予算化されており、売り上げ拡大に伴って商品が足らなくなったために、日本でしか売っていない商品を本国承認のもと、あるいは内緒で作っているのです。これらは消費者を馬鹿にしていると言えるでしょう。

り、同一商品に価格がさまざまあることも、買う目的によって価格を選べることも当然と思う風土が形成されていきました。「価格の多様性＝一物多価格」が定着していったのです。

このユニクロに始まった新しい消費行動の流れは、単なる低価格志向を強めただけでなく、「価格に対する多様性の容認」、さらには消費者の「モノの見方」の大幅な変化を強く促しました。最初、消費者に生まれたのは「価格に対する厳しい目」でした。上は団塊の世代から下は10代まで、それまでの「節約」という意味合いではなく、「安ければよい」といったニーズでもなく、「商品価値に対する適正価格」の判断がより厳格になり、広範囲の消費者層に広まり定着したのです。そして次には「提供される商品は同じでも、そのシーンやオケージョン、さらに消費者ニーズの度合いで価格は変わるもの」という認識が当たり前になりました。消費者は価格の多様性を認め、とうとう「価格の使い分け」を始めたのです。

この流れは単に価格に対する認識の変化では終わらなくなり、消費者ニーズそのものの変化へとつながっていきました。利便性を買うコンビニでは１３０円のペットボトル飲料を買うけれども、ネットでは徹底して1円でも安いペットボトル飲料を買い溜めする。流行の服はH＆Mで買うけれど、それと同じデザインで気に入ったブランド物があれば定価でも買う。このような消費が徐々に一般化し始めたのです。

消費価値基準の変化

価格が多様化し、「価格選択」ができる状況は急激に拡大しました。消費者はいつでも好きな時に、好きな商品を、好きなように、自分の意思で選択できるのです。さらに企業はサービス強化に努め、配送料の無料化や返品制度の強化など、顧客ニーズへの対応のみならず、購買行動の自由化に対応する圧倒的に強力な体制を敷き、消費者はこれ以上ないと言える好状況下に置かれることになりました。

買い物時間の使い方も飛躍的に制限がなくなり、商品もその信用対価に見合った価格で購入でき、気に入らなければ何回でも取り換えが可能で、比較検討が容易で、購入方法も多種多様にある。これ以上の購入条件はないと思うほどです。この状況は不変と思われました。しかし、ここへきてまた流れが変わり始めました。

比較的好調だった各社の「良くて安い」商品群がにわかに売れなくなり、バーゲンで「さらに安く」しても売れなくなり始めたのです。景気が多少なりとも回復したので、消費者が再び高額品や贅沢品に戻り始めたのでしょうか。確かに株価上昇とともに生活に余裕が戻った一部富裕層が、我慢していた買い物を始めたことは事実でしょう。ただ、それも従来の景気回復時の消費の仕方とは様相を異にしています。高級ブランドは売り上げ急上昇とはならず、一般ファッション商材はこれまでに経験したことがないくらい悪い状況下に陥っています。爆買い商品が不調なのは理解できますが、爆買い対象外の一般商品がまったく振るわないのです。

天候不順や温暖化、実体経済は悪いままだとか、いろいろの説明をつけようとしても何か無理があるようです。それは冬がとても寒く、夏が耐えられないほど暑くてもモノが売れず、高級品から低価格品まで価格帯全般にわたって売れていないことからも自明です。景気が良くなったからと単純に高級品志向になるわけでもなく、家計支出が大幅に増加するわけでもありません。今の消費者の購買行動は、従来の経済連動説では説明しきれない、特殊な動きを始めているのです。これまでの消費行動の中心キーワードであり、核であった「価格」に対する価値観が変わり始めたのです。消費者は「良くて安い」商品をあらゆる「価格帯」で消費オケージョンに合わせて選択し得るにもかかわらず、購入しなくなり始めたのはなぜでしょうか。「良くて安い」は一過性の流行だったのでしょうか。不況下の単なるあだ花、一時凌(しの)ぎの消費者ニーズだったのでしょうか。

答えは「否！」です。ユニクロによる機能ニーズの喚起はいまだ多大な支持者を持ち、

閑話休題 07

価格が変わっていないモノってあるの？

戦後70年が経ちましたが、その間、価格変動がないと言われているモノがあります。それは卵と紳士スーツです。戦後、卵は6個100円、スーツは1着30,000円でした。現在でもほぼ同額で、昔は相当高額だったようです。

大量生産・大量販売の古くて新しい基本モデルとして、日本のみならず世界を席巻しています。しかし、ユニクロですら既存店ベースではブランドの販売量は明らかに減少していて、新規出店で補っている状況です。その他のメーカーはブランドの多産化や大量出店による売り上げの確保策から一転、ブランドの廃止や大量閉店による経費削減策で生き残りを図っています。

機能から始まった消費者のモノの見方の変化が、価格への厳しい認識へと変化し、価格の多様性の容認へと変質したうえに、ついには自身の消費行動スタイルをも変化させ始めたのです。良くて安くてもモノが売れないというより、消費における価格の重要度が変化した、いや、価格より重要な消費価値観・消費基準が生まれ始めたと言えるのではないでしょうか。一見無駄と思える消費であっても、例えば利便性あるいは流行性など個々の価値観に応じた多種多様の消費行動が見られるようになってきたからです。単に「安い」から買うのではなく、消費者自身が納得すれば、言い換えれば「欲しい」という欲求があれば「価格最優先」ではない消費行動をする。この消費者の「欲しい」という感覚が10人いれば10様のニーズへと分裂したのです。

かつてのニーズは大きな塊で存在し、それを流行や多大な宣伝活動が支え、流行を追うこと自体が消費者ニーズの本質としてありました。次に、消費者ニーズを現実化する手段が増えたことにより、ニーズ自体が大きな塊から徐々に小さな塊に分裂し出しました。それは、あらゆる業界が多種多様な消費者ニーズに対して、商品においても、販売方法においても、また消費者の価値観に対しても、対応できる状況になったからです。人々はユニクロの起こした機能革命の波に乗り、それから自主的に「価格へのシビアな見方」を学習し、モノの価値を自分自身の価値基準で判断し、価格も購入手段さえも自分自身で選択し得る時代になりました。商品も画一化された商品から個性商品まで、ありとあらゆる業種で多品種が生産された結果、商品を購入する動機にも膨大な種類が発生したのです。

要するに、消費者個々の好みや志向、購買目的や動機が従来と比べ物にならないほど多数発生し、それに小売業が対応し得るように進化したということです。そして消費者は「消費価値基準」を変化させたのです。その波はどんどんと大きくなり、メーカーや小売りの思惑と大きく乖離（かいり）・変化し、想定した範囲からどんどんと離れ、売り手側の想像を遥かに超えた消費維新と言うべき大きな「消費文化の変革時代」へと突入して行っているのが今なのではないでしょうか。

ありとあらゆる商品選択方法と購入手段を手に入れた消費者は、従来とは比較にならないほど、簡単に、どのような商品でも、あらゆる価格で購入できるようになりました。マーケティングによってマーチャンダイズされた商品以外でも、従来は消費者が欲しいと思っても、どこで売っているのか分からなかったり、価格帯が合わなかったり、遠方すぎて買いに行けなかったりした商品を、いつでも、好きなだけ、好きなように購入できるのです。そこでは時間（今買わなくては買えなくなってしまうなど）も、空間（世界中どこの商品でも）も超越した消費活動ができます。結果、消費者の「欲しい」という欲求そのものが変化し始めました。「単純に欲しい→必要だから欲しい→安いから欲しい→良くて安いから欲しい」と変遷を遂げてきた消費者ニーズは、いよいよ個人別が主体の時代に移ってきたのです。

価値観の多様化とマインドの多層化

進化する価値観、分裂するニーズ

消費者の価値基準の変化は急速に進行しました。最初は、価格は安くなくても「利便性」があるとか、「少量でも無駄な量は要らない」といった、古くて新しい購買動機でした。飲み物を自動販売機で買う時にも、大容量と小容量で価格がほとんど変わらなくても、あるいは同一価格でも、少量を選ぶ消費者が徐々に増えていったのです。ファッションで言えば、3枚で1千円のTシャツを買う人より、1枚で800円払う人が増え始めたのです。

次に起こったのが、欲しい物が欲しい時にあれば購入するという価値観の台頭でした。ネットの進展により、どこにいても、また夜中でも、商品探しや商品選びが可能になったことで、自身がこだわりのある商品を見つけると迷わず購入するというスタイルが定着しました。ネットで購入することによって、他人と自分を比較してみたり、流行品かどうかを気にしたりすることは大して意味を持たなくなり、自分自身の判断基準のみでモノを購入することが当たり前になったのです。

そして、消費者ニーズはさらに分裂し始めました。それは、今日の消費者の消費行動が単に収入と連動した行動やトレンド志向だけに沿った行動ではなく、明らかに「価値観の多様化」と「マインドの多層化」と呼べるもので、従来の消費行動とはまったく様相を異にしています。

消費者の価値観の多様化とは、消費者ニーズが「安い」一辺倒ではなく、①「良くて安い」「高くても良い」「高ければ高いほど良い」などの価格軸、②「実用性」「トレンド性」などの流行軸、③「若い人向け」「中年向け」などの年齢軸、④これらの他にテイスト軸やグレード軸、さらに「センスが良い」「機能性が良い」「今までにない」「自然に優しい」「素材重視」「メード・イン・ジャパン」「定番」「シリーズ」「好み」など、挙げればきりがないほどの選定基準の多様化のことを言います。

個人ごとに、モノを選定・購入する基準がバラバラになっているということです。特に、今まで価格は消費行動において消費者に共通する重要な意味を持っていましたが、最優先基準であり続けることが不可能になり、多様化によって「これが一番」という価値基準がなくなっていきました。「個人のニーズ」が最優先かつ最重要で、同一性より個性が重要視されるようになったのです。消費者マインドの多層化とは、購入する状況やシーンなどに応じて、個々の消費者が自分自身の多様な価値観を軸に、自分の必要優先度や状況を考えて消費行動をすること。つまり、1人の中にいくつもの消費マインドを持つようになったことで、消費基準が重層化し、いくつも存在している状態です。

これまでは、全国から抽出した一般世帯4700世帯、単身世帯2千世帯の合計6700世帯を対象にした暮らし向き、収入の増え方、雇用環境、耐久消費財の買い時判断の四つの基準で、消費者の平均像を捉えていました。基本的には「平均値」算出であり、傾向値には連続性がありました。ところが近年、平均値化では消費者の実態像が不鮮明になり、現実と継続性に整合性が取れなくなってしまったのです。消費者の景気に関する認識や意識が従来と大きく変わってしまい、現実の消費との乖離が大きくなりすぎてしまったからだと判断せざるを得ません。

1億総中産階級と言われて久しいですが、その消費者ニーズが分裂を繰り返し、小さな無数のニーズの塊へと縦横斜めに把握しきれないほど多方面・多方向へ分解してしまい、従来の階層別の括りでは消費者ニーズを括れなくなりました。四畳半に住みながらポルシェに乗っているかと思えば、豪邸に住みながら電車で2時間かけて通勤する人もいます。ファッションに命をかけて食事を節約するかと思えば、耐えきれずに馬鹿食いを続け、買った服が入らなくなり、大金を払ってダイエットをするというような、他人から見れば矛盾した行動をとるけれども本人はいたって真剣という人も多いのです。

また、特定領域（自分の好きな分野、人生において重要と考えている事柄）や、一緒に消費する人（ライフスタイルに共感できる人）によって消費スタイルがガラリと変わり、他人から見て不可解と思われるような個性的な消費の仕方をする人もいます。このような人は、自身のライフスタイルや価値観がしっかりとあり、状況や他人に流されない消費マインドを持っているのです。少し前までは「変わっている」と思われた消費が、今では個人の個性であり、その人自身のライフスタイル表現の発露の一つと思われるようになりました。個性の時代と言われるべき時代到来の感があります。

消費者ニーズが多様化し、消費者マインドがいくつも存在するということは、ニーズとマインドの掛け合わせによって消費行動が決定されるということです。そのため、消費者を従来の「モデレート」では括れなくなりました。従来のマーケティング手法である「縦軸＋横軸」の単純な消費者分類はまったく陳腐化してしまったのです。三次元ポジショニングでないと消費者のポジショニングは表せなくなりました。

かつてのマーチャンダイジングでは、消費者の「欲しい商品」を「欲しい時」に「欲しいだけ」提供することが究極の目的とされてきました。そのために小売り側は、「地域」や「顧客年齢層」や「収入」などといった因子に合わせて品揃えをし、消費者ニーズに対応していったのですが、この単純な因子要因だけでは消費者ニーズを括れなくなってしまったのです。消費者の変化とその方向性は、単純な区分けが追いつかないほど多様化し、多層化し、塊で括ることはもはや不可能と言わざるを得ないほど分裂しました。消費者自身が意識せずとも、自己の個性に従った純粋な欲求のもとにニーズは限りなく、果てしなく分裂を繰り返す道をひたすら進み始めたのです。

「大衆」から「個」へ、さらに分裂へ

消費者の多様化と多層化が進むことにより、無限の消費者ニーズが発生しました。高度

経済成長期からバブル期にかけては、高級品・普及品の差こそあれ、一つのアイテムが「流行」の名のもとに日本国中で売れ、宣伝会社は競って消費者を煽（あお）って売り上げ拡大に貢献したものです。日本人全体が中産階級意識を持ち、平均的な生活を送ることが唯一無二の目的であった時代です。

その時代を経て消費者は変化を続け、バブル崩壊以降は、自分の「意思」で、自分の「生活」を、自分で「創造」する方向へ進み出しました。かつては一枚岩たる大きな同一ターゲットとして括られていた「大衆」と呼ばれた消費者の塊は、いくつかの塊である「分衆」（※５）へと分裂し、さらには「個」の単位へと細分化し、その「個」ですら多層化して多面性を持つようになりました。もはや塊ではなく、いくつかのテーマのもとに集合したり胡散（うさん）したりする有機的臨時集合体化したのです。

それゆえ、一人の消費者がいくつものテーマのもとにターゲット化されたり、ある時は

※５　分衆＝１９８５年に博報堂生活文化研究所編の『分衆の誕生』で定義された言葉。ある製品が普及して１世帯当たりの平均保有数が１以上になることを言う。テレビや自動車のように１世帯１台だったモノが１世帯２台や１人１台になることを指す。個人の消費ニーズがその他大勢から明確に自己主張を始めたことを示しています。

まったくターゲットから外されたりするようになりました。それでも、メーカーや小売りが望んだターゲット通りの消費者が必ずしも購入するのではなく、逆に不確定要素でターゲット外の消費者が商品を偶然購入することが多くなりました。この頃から、消費者ニーズの把握がメーカーの課題になり始めました。それまでは年齢軸や価格軸に流行を取り入れたテイスト軸を振りかければ、ターゲットは自然と浮かび上がり、それによってメーカーやブランドは自社の顧客を理解していました。しかし消費者そのものが分散してしまい、従来の分析手法では狙い通りの売り上げが取れなくなり始めたのです。

ところが、当時の各メーカーは、なぜ売り上げが下がり出したのか、まったく理解できませんでした。小売業も同様でした。メーカーは売れない理由を経済の低迷や天候のせいと考え、小売業は原因を追及するよりもブランドの寿命と考え、ブランドやメーカーを入れ替えればまた消費者は戻ると安易に考えていました。売れない理由は消費者ニーズに合致していないからだと根本原因は理解していましたが、何がどのように合わないのかは理解していませんでしたし、その理解は残念ながら現在もないようです。

個の台頭は大きな問題を小売業に投げかけました。消費を塊で捉えられなくなったということは、消費者をどのような新しい括り方で括ればよいのか、早急にマーケティングをかけなければなりません。しかし、従来の平面では捉えられません。必要とされているのは三次元のマーケティングですが、現時点では消費者を三次元的に分類する手法は確立されておらず、流通各社は模索を続けています。結果、小売業が提供する商材は各社がターゲットとする顧客層のニーズと徐々にかけ離れていき、原因不明の売り上げダウン症候群が各社において始まったのです。消費者の欲しい商品が、欲しい場所になく、どこで買ったらよいのかも分からない。ニーズと商品の適材適所が合わなくなっていったのです。こうして消費者は自分のライフスタイルを満たす商品をますますネットで探すようになり、リアル店舗から離れていきました。

さらに、個の拡大は物づくりにも影響を与え始めました。1アイテムの絶対販売量が減ったため、従来の生産方式、大量生産によって価格を下げるやり方が通用しなくなったのです。残品処分も大きな課題となりました。価格の多様化だけでは対処しきれないのです。アウトレットやネット上での処分が定着してしまうと、メーカーは製造コストから割り出した上代では、作れば作るほどビジネスが成り立たない状況になっていったのです。従来の生産方式しか採れず、時代の波に対応しきれなかったメーカーは、次々と外国企業の傘下に組み込まれるか、消滅せざるを得なくなっていきました。大手企業同士の合併による生き残り策も、大規模化のメリットを生み出せず、大量の店舗閉鎖とブランド廃止による適正生産調整の時代に突入したのです。あり余るほどのモノを作るのではなく、足りないくらいの生産量しか作らない、いや作れない時代になったのです。

新しい消費価値観の台頭

３・11がもたらしたもの

現在のモノが売れない理由は、消費者の「価値観の多様化とマインドの多層化」により「消費者が欲するモノが従来と大きく変わってしまった」こと、その結果として「消費者ニーズが小さく細分化」したことと前節で述べました。常に消費者が「新しいモノ」を求め続けているのは、今も昔も変わりません。しかし、その根本が大きく変わっていると思うのです。従来的購買行動が向かうのは「流行のモノ」や「憧れの高級ブランド」、そして「必需品・消耗品」などで、その背景には基本的な「所有欲」（※６・１２７頁）がありました。今日の消費者は、モノを所有することの意味や意義が従来とは大きく違ってきていると思われます。

日本の消費者は基本的に「みんなと一緒」意識が強く、一人だけ別のコトやモノを選択し、他人と際立って異なることを「良し」とはしなかったので、「右へならえ」が大きくもてはやされてきた実態があります。みんながしていることをする、みんなが持っているモノを持つ安心感が消費行動の中心でした。

その意識が徐々に変化し、「他と違う」ことを目的とする消費行動が芽生え始めたのは、リーマンショック後の経済が悪化した頃だったと思います。派手な消費ができなくなっていた経済状況下で、他者と違う行動をとることにより、自分の存在意義や存在感を他人や自分に認識させるが如くの消費者ニーズが数多く表れ始めました。そして消費者は変化し続け、他人との比較を前提とした所有欲からほぼ完全に脱却してしまったのです。

そのきっかけとなったのが、3・11の東日本大震災でした。それまで世界一物資が豊富で、宗教的・政治的に自由で、平均所得は世界有数規模で、何一つ不自由なことがない国だったにもかかわらず、人々は生活に倦み、怠惰に流れていた日本社会に大きな警鐘を鳴らし、「生きる目的」や「人間とは」といった哲学的な問題を広く一般に考えさせるきっかけを与えてくれたのです。

ボランティア活動には若い人から壮年まで数多くの人々が参加し、具体的な行動まではできなくても寄付や省エネなどさまざまな行動が生まれました。自分のできる範囲で弱者や環境などに対して人間としての責任を果たそうとする意識が強力に一般化、拡大化しました。自分の生活に本当に必要なモノとは何か、自分の消費生活全体を深く見直したとしても不自然ではありません。不要にモノを貯めこんだり、自然や他人を無視して生活における利便性に甘えていると認識し始めたのです。「断捨離」の考え方も広まり、人々はモノを持つことの意味合いを深く考え始めました。

※６　所有と使用＝昨今の消費者の動きの中に、「所有」ではなく「使用」という概念が大きくなり始めています。モノを持つことで満足するのではなく、使ってこそ満足するという考え方で、「シェア」（※７）する概念が基本にあります。車のカーシェアリングや、事務所ビルやマンションにおける共用部分の拡大・設備強化などが挙げられます。これらは１人が占有するのではなくシェアすることによって効率的にモノを使用し、さらに同じ思想の人々と同じ思いを「分かち合う」ことに喜びと満足感を得るというものです。単に費用が安いだけでなく、「無駄」をどう省くかという現代流の答えの一つで、これからあらゆる業種・業態で広がっていくことでしょう。

※７　シェア＝シェアという概念は、他人といることによってコミュニケーションを取ろうとする動きにも進化しつつあります。高齢化社会において高齢者がたった１人で自宅にこもるのではなく、街中にみんなが自由に集えるオープンスペースを造って共同で自主運営し、コミュニケーションを取りながら行う積極的地域介護の手法として脚光を浴びつつあります。例えば、流石創造集団が渋谷区で運営するシェアオフィス「みどり荘」があります。

機能から始まったモノに対する認識の変化は、商品自体の性質・性能・価格が商品選択の重要な要素・目的だったレベルを超え、商品を購入・使用する意味合いの変化をもたらしました。モノを買う行為が、単なるモノの所持から消費者自身の生活自体を表現する行為にまで進化していったのです。そして消費者はモノに対してお金を払う意味を十分に真剣に考え、目先の欲望や衝動でモノを買わなくなってしまったのです。

新ライフスタイル型消費の始まり

消費者は、ただモノが不必要で、モノがない生活を望んでいるわけではありません。私たちは普段、たくさんのモノに囲まれ、そのモノを使って生活をしています。それを全部放棄しては生活が成り立ちません。たくさんのモノがある中で、「自分のライフスタイルを楽しむうえで必要なモノが変わった」のです。消費の対象が明らかに従来と違うということです。さらに今日、消費者の心をとらえているモノは、「具体的な商品ではなく、自分の憧れる『ライフスタイル』（※8）そのものであって、決してモノ自体が中心ではない」のです。初めに自分の望むライフスタイルがあって、その実現の補助としてモノがあります。自分のライフスタイルを満たし、豊かにすることがモノ選びの前提になるのです。「新ライフスタイル型消費」の始まりです。

これは「衣料に雑貨を加えればライフスタイル型ショップ」といったレベルの従来の考え方とは根本的に異なります。ライフスタイル型ショップにおけるライフスタイルとは、あくまで哲学的信念のもとに構築された生活信条を具現化するための商品群が、明確な意

※8　ライフスタイル＝ライフスタイルという概念は、１９７０年代に、高度成長期が終わり、物質的・量的ニーズが満たされ、次の消費ニーズを探る手法として提案されました。決して新しい手法ではありません。70年代は生活様式そのものの提案でしたが、次の時代には他人との差別化が主力になり、90年代には「こだわり消費」といったコト寄り消費のコア的要素となりました。ライフスタイルはずっと消費者分析の中心に位置づけられてきたのです。今言われているライフスタイルは、70年代から綿々と繰り返されてきた消費者分析の手法ではありません。消費者をある大きさの塊ではなく、「個」のレベルで捉えなければ、ライフスタイルは見えてきません。表面的には70年代に始まり90年代に終わった30年周期とも言える消費者ニーズ対応の図式と同じことのように思えるのですが、今言うライフスタイルはそれとはまったく違うものなのです。螺旋階段を想像してみてください。上から見ると歴史の繰り返しのように同位置にある消費者ニーズも、横から見るとはるかに進化して立ち位置のレベルが違うことが分かります。また、ある意味では、消費者ニーズは過去の繰り返しを始めていると言えるのかもしれません。

思のもとに揃えられてＭＤ展開されていることです。生活における一つのシーンに対応するＭＤではただの専門店となり、ライフスタイル型ショップとは言えません。

例えば、パタゴニアは単なる登山用品ショップではありません。登山用品だけを扱っているのではないのです。初心者向けには登山ガイドや商品選びのお手伝いもする、上級者向けには登山ルートの設定やより高度な登山テクニックの紹介もするなど多様なソフトがあり、登山の参加者募集や日頃の鍛錬のお手伝い、山での清掃活動の主催、植林など地球環境保全の視点での取り組みもしています。このようなトータルな展開によって、登山を軸としたライフスタイルショップになっているのです。山登りに必要なモノだけでは消費者は満足しないのです。

ライフスタイル消費の具体的なスタイルの一つが、「エシカル消費」です。「買うことにより『社会に貢献できる』」消費は、まさに今の消費者ニーズを満足させるものと言えます。高級車に乗ってガソリンを浪費しながら行楽地に出かけ、うまくもないわりに値段だけ高い星つきレストランで散財するよりは、自転車に乗り、ゆっくり近場の公園に行って、無農薬野菜と普通は捨てられてしまう規格外野菜で作ったお弁当に舌鼓を打つほうが「かっこいい」と思う消費者が増えています。

閑話休題 08

3.11 以降のボランティアの拡大と支援体制

東日本大震災直後から公的機関の募集やNPOの民間募集などにより、ボランティアセンターが東北3県（岩手・宮城・福島）に104、全国で196が設置され、全国規模の支援体制が組まれました。11年3月11日～12年2月11日の間に延べ約92万6千人がボランティアとして東北に赴いています。阪神淡路大震災で初めて大がかりなボランティア体制が組まれて数年間で、日本のボランティアは急速に拡大しました。日本人が本来持つ「助け合いの精神」へと意識が大きく戻りつつあることの証しでしょうか。

また、休日にはボランティア活動で山に登り、ごみを集める清掃活動をするといった人も増えました。その時には、汗をかいてもすぐに乾く衣料や手を保護するグローブ、そしてペットボトルのごみを増やさないための水筒などが要ります。それらに惜しみなく消費することのほうが、休日に街中を意味なくぶらぶらする時のファッションにお金を使うより、全然納得できるのです。消えかかっている職人技を継承しようと努力している若者が作った商品を積極的に購入したり、職人の伝統技術によって手間ひまかけて作られた商品を好んで使ったりする。そうした行為に充実感と価値を感じることこそ大事にする生活が現在の主流なのです。

また、「エフォートレス」や「ノームコア」（※

9）などのような自然体の生活スタイルも、現在の消費者のライフスタイルの大きな柱になりつつあります。

頑張って周りと競争したり、流行を争って追いかけたりと、常に周りを気にかけ、他人と自分を比較して過ごす生活より、素材や季節感にこだわり、販売員との会話や環境まで商品選定の要素としたり。デザインは素敵だけれど大量生産された「実用性一辺倒」の商品ではなく、不揃いだけど手間ひまかけた職人技による「ぬくもり」が楽しめる商品を選んだり。かつての「メード・イン・ジャパン」を一歩進めた「こだわり」が、現在の消費者ニーズをくすぐるのです。しゃかりきで先を目指すことより、「今」を楽しむこと。それも、自然と対立するのではなく一体化することを前提とした物事を、ゆっくり、マイペースで楽しむ。それがライフスタイルの一つの基本になり、消費者から支持を得ています。

「健康消費」もその一つでしょう。従来は病気になった時に病院や薬に対して支出を惜しみませんでした。現在は「どうしたら病気にならないか」という意識が高まり、「予防のために自身の健康維持を図る」消費になっています。ランニングブームや登山ブームなども「健康生活維持」意識によって大きく拡大しました。単にダイエット効果を期待するのではなく、自身の健康生活そのものが自分にとってかっこいいのです。

年齢や地域、性別、職業、さらには宗教にもとらわれることのない生活が、意識一つで謳歌（おうか）できることを知った消費者は、より豊かで知的なライフスタイルを楽しむべく進化し続けています。「健康」がなければどんなに優雅な生活も意味がないことを十分に理解し、だからこそ健康をライフスタイルの中心に据える消費者が増え続けているのです。

※9　ノームコア＝アップルの操業者、スティーブ・ジョブズのスタイルが基本となっています。黒いTシャツにジーンズスタイルで「洋服を選ぶのに時間はかけない。Simple is best であり、自分のやりたいことのみに時間を割く」という人生観の体現です。人々はそのスタイリングそのものではなく、彼の人生観やライフスタイルに共感し、そのスタイリングを支持したのです。ちなみに、彼のTシャツはジョルジオ・アルマーニだという噂があります。また、フェイスブックのCEO、マーク・ザッカーバーグも同じ服装で有名です。オバマ大統領や古くはアインシュタインなど、彼らは共通して「決断する回数を減らすために無駄なことに頭は使わない」と話しています。

第3章　ライフスタイル別の消費行動

～見えない消費者と小売業の制度疲労

ライフスタイル提案の意味と意義

切り口は「この指とまれ」

消費者がライフスタイル型消費を志向し出すと、そのニーズを一括りに論じることは無意味になり、把握することも大変難しくなってしまいました。そこで重要になるのが、消費者ニーズを具体的に表現する「切り口」です。どのような切り口のMDであれば、消費者ニーズに対応できるのでしょうか。

ライフスタイルの切り口は無数にあります。先に述べた「エシカル」「エフォートレス」「ノームコア」「健康志向」の他にも、「アーバンライフ」「シンプルライフ」「趣味ライフ」「ボランティアライフ」「自然派志向」「旅行」「食べ歩き」「映画鑑賞」「温泉めぐり」……数え挙げればキリがありません。これらのいくつかを組み合わせたMDが可能です。一つだけしかニーズに合う切り口がないという消費者は存在しないからです。

いくつかの切り口を組み合わせたほうが、消費者ニーズをくみ取りやすくなるということです。その組み合わせ方によって、時代性やトレンド感を表現しやすく、提案そのもののオリジナル化が図れ、他社との差別化にもなります。この切り口の組み合わせこそ時代を切り拓くカギであり、組み合わされた切り口が斬新であるほどそれぞれの切り口が消費者にとっても読み取りやすくなります。この切り口に「テイスト」を掛け合わせたモノが、消費者には受け入れやすいのです。テイストの統一感は洗練されて自己主張を強く表現できるからです。

切り口は売り手が独自に決め、独自の組み合わせで表現して、「この指とまれ」と提案するしかありません。消費者ニーズに合わせて商品開発を行ったり、店舗を展開したりするのではなく、自社のライフスタイル提案は「これ！」と断言できる切り口を提案し、その提案に賛同したお客様のみを顧客化するという方式です。この方式だと一つの切り口だけではなく、自社の考えるライフスタイル提案を複数の切り口で提案できます。その結果、より多くの消費者ニーズに対応することとなり、さらに提案そのものが他社との差別化にもなって独自性を発揮することになります。

一つの切り口だけでは十分に表現できないライフスタイルや、対応しきれない消費者ニーズに対して、複数の切り口を組み合わせることは利点が多いのですが、気をつけなければいけないことがあります。ＭＤとしての連動性がまったくない切り口をいくら組み合わせても消費者を混乱させるだけで、ライフスタイルの提案にはなり得ないということです。エシカルの需要に対応するため石油製品を販売するなどということは、当然のことですがあり得ません。

エシカル志向のライフスタイルを切り口とする時には、環境に優しい素材を内装に使ったり、買い物袋を布製にしたりするなどのイメージ戦略がよく採られます。ただしこの場合、エシカルを商材としてどのように展開するのか、明確な主張がなければどこの店舗も似たり寄ったりになってしまいます。結果として、店名だけが違う同じ商品、同じ展開の店舗があちこちにできることになるのです。

また、エシカルに求められる内容も進化し、高級版のグランピング（※１）なども浸透し始め、単に「地球に優しい」だけではなくなりつつあります。消費者自身のレベルに合わせた多様性が必要になってきているのです。

ノームコアなどの切り口も大変難しくなっています。

「シンプル・イズ・ベスト」だけではＭＤとしての具体性に欠けるので、何をコンセプトにＭＤを構成するのかがとても重要です。コンセプトなしに切り口を雑多に組み合わせただけでは、消費者は迷ってしまいます。切り口に共感するのではなく商品に興味を持つだけでは、販売にはなかなか結びつきにくいうえ、ましてや固定客にはなり得ないことは明白です。

また、商品を提案・販売するだけでも十分ではありません。エシカルを切り区とするならば、売り上げの一部を環境団体に寄付するとか、ボランティア活動への参加を積極的に消費者に呼びかけて実行するとか、エシカルに対してどのような活動をしているのかを「見える化」することも欠かせません。これまで以上に明確なコンセプトと、誰にでも分かる具体的な切り口が求められます。発信する側のセンスと時代を感じさせる提案が不可欠なのです。

※1　グランピング＝「glamourous（グラマラス）＋camping（キャンピング）」の造語。キャンプならではの自然環境の中で高級ホテル並みの快適さやサービスを体験する贅沢なキャンピングスタイル。欧米を中心に始まり、近年日本においても話題になっています。２０１４年に星野リゾートが数多くの高級ホテルを河口湖にオープンさせるなど、早くも人気の施設が全国に広がりつつあります。

その際、特にＶＭＤの復活が望まれます。消費者は言葉で説明されるより、ビジュアルを見て直感的に「これは好き、あれは嫌い」と感じ、自分の感性に従って消費行動を起こすからです。言葉や文字にするより、ビジュアルのほうが今の消費者にはストレートに伝わります。消費者にイマジネーションを湧かせることができるか否かによって、切り口の成否は大きく変わってくるのです。

バイヤーからブロガー、コーディネーターへ

現在、商品を購入する際に、消費者は何を参考にするのでしょう。１９８０年代には、小売業が提案する「ライフスタイル」や「ＶＭＤ政策」に基づいた大型ディスプレーや宣伝キーワードから情報を受け取り、時代を感じ取り、自らの消費行動に反映させていました。しかし、現在は大きく異なっています。大衆を対象とした大がかりだけれど一括りにされた情報ではなく、自分に合った情報を自分で選択して採用しています。

そのため、マスを相手に商品を揃えざるを得ないバイヤーよりも、自分の感性で「好き・

嫌い」を具体的に紹介し提案するブロガーやコーディネーターが発信する情報のほうがより消費者ニーズに近い感覚で、共感を得やすいのです。浅くても広く自分の感性やスタイルを提案していくブロガーやコーディネーターのほうが、独自性や時代性を感じて表現するレベルが数段高く、それゆえに消費者から絶大な支持を受けています。

特に近年、ブロガーやコーディネーター主導の商品展開案は大きく拡大しています。その意見をもとにした商品開発やブランド開発も活発さを増しています。彼ら・彼女らが提案するコーディネートやライフスタイルは売り手発想ではありません。その生き方に多くの消費者が共鳴し、そこに流れる思想を部分的にでも取り入れるために商品を購入するのです。

また、共同作業で作った切り口ではなく、個人の感性による切り口なのでブレることなく一貫性を持ち、消費者から見ると「分かりやすい」。特にネットや雑誌でのライフスタイル提案は象徴的な商品をセレクトして表現するので、消費者の共感を得やすいものになります。店舗とは異なったＭＤを展開しやすい媒体なのです。消費者は商品を選ぶ前に、まず雑誌やネットを十分に利用します。どんなライフスタイルが自分に合っているのか、そのライフスタイルを具現化するためにはどんな商品を選べばよいのか、十分に情報を得て理論武装してから、商品を探しに行くのです。

情報収集の際には、商品の良し悪しだけでなく、「ストーリー性」や「蘊蓄(うんちく)」など、自分が知らない情報も重視しています。商品自体の情報というよりは組み合わせ＝コーディネート情報などです。その商品をどのように自分なりに消化して使いこなしたらよいのか、その情報はどのように自分の生活や知識を豊かにしてくれるのかが、とても重要なのです。この服を着て、どこへ行って、何をしたらよいのか。この食器で、どんな朝ご飯を食べたらおしゃれなのか。この枕とベッドカバーで部屋を統一したら、どれだけ安らかに睡眠が摂れるのか、この上着にはどんなパンツを合わせたら自分らしいのか……。このようなイメージや情報が商品とセットでなければ駄目なのです。

ブランドショップでは販売員がそのブランドのストーリー性や蘊蓄をよく説明してくれます。しかし1ブランドでは商品のストーリー性に限界があり、加えて消費者は一つのブランド、一つのショップだけでは満足しなくなっています。全身ワンブランドではその消費者のセンスが疑われる時代なのです。この傾向はバブル崩壊後からあり、最近では特に自己価値を基準にしたショップの使い分けが常態化しています。

しかし、モノが売れなくなってからは大半の店が売れ筋追求型のMDになり、同じよう

閑話休題 09

梨花の部屋「メゾン・ド・リーファー」

モデルでタレントの梨花がプロデュースするショップ「メゾン・ド・リーファー」。代官山の店舗は初年度 50 億円を売り上げ、次年度も 25 億円と奇跡的な人気を誇っています。品揃えは梨花セレクトの高級下着やこだわりのシューズ、女の子の部屋には必ずあるようなスーベニールのコップなど。特に目立つ商品はありません。販売員に聞いても、なぜ売れるかのかよく分からないようです。梨花の周囲に媚びない等身大の発言やライフスタイルへの共感がベースにあり、彼女がセレクトした商品を持つことで、彼女のライフスタイルと一体化したという消費者の満足感が人気の秘密なのでしょう。

な商品が並び、区別がつかなくなってしまいました。その結果、消費者は欲しい商品を見つけづらくなり、それまで購買していたショップに行かなくなったのです。自分の「こだわり」に応えてくれる品揃えをしている場や、新しい情報を提供してくれる場へと消費行動の場を移しました。その場とは、アイテム集積型の売り場でもなく、ブランド集積型の売り場でもなく、消費者に明確に情報とメッセージを発信しているライフスタイル提案型売り場なのです。

セレクトショップが大隆盛を極めた理由もそこにあります。ショップが提案するコーディネートそのものがライフスタイル提案になっていたのです。商品をセレクトするコーディネーターやスタイリスト、それを論評するブロガーも、ライフスタイル提案を行っているからこそ、消費者は共感したり、憧れたりするのです。彼ら・彼女らが提案しているのは、「商品」というより、「ライフスタイル」そのものなのです。

近年、セレクトショップが苦戦しているのも、そこに問題の一つがあると思われます。ディレクターやプロデューサーの基本的な考え方をベースとして品揃えが行われますが、ライフスタイル型の場合は分野の異なる複数のバイヤーが並列して仕入れをします。そのため、プロデューサーやディレクターの考え方に対する理解の温度差によって、ＭＤにズレが生じてしまうのです。そのうえ売り上げ責任を全う（まっと）うするため、期初の計画にはなかった軌道修正が行われ、基本ＭＤが崩れてしまうケースが多々見受けられます。期中に他社で売れ筋が出ると慌てて同じ商材を導入し、ストーリー性が欠如したＭＤに変質してしまい、消費者はショップが何を主張したいのか理解できなくなってしまうのです。結果、セレクトショップの黄金期は、拡大することによって消滅したのです。

時代性を無視した、または時代から遅れた感性はカッコ悪く、消費者には支持されません。「全身シャネル」は成金でダサく、「持ち物全部がルイ・ヴィトン」は田舎者の代名詞です。それより、シャネルジャケットにユニクロのＴシャツを組み合わせるほうがおしゃれで、アルマーニのTシャツよりボノ（※２）のTシャツにリーバイスのジーンズのほうが断然素敵、という価値観が圧倒的多数です。こうした提案を消費者はカッコ良いと思い、実践したがっているのです。スタイリストやコーディネーター、そしてそれに対して消費者サイドから評価するブロガーが、しばらくは主役の時代が続くと思われます。

例えば、益若つばさや梨花などはファッションモデルからスタートし、結婚して子供ができても可愛いままで仕事と育児を両立させたりして、その生活自体に共感するファンが彼女たちを支持しています。若い10代から見れば「カッコ良い生き様の姉貴」であり、同年代からは「カッコつけないセンスの良さ」が魅力で、上の年代からは「頑張って自由に生きているカッコ良さ」が魅力。彼女たちは決してマスマーチャンダイジングの流れに乗ってコーディネートを提案しているわけではありません。その自然な生活のスタイルが、消費者にカッコ良く新鮮に映るのです。

※２　ボノ＝ＶＯＮＯ。アイルランド出身のロックバンド、Ｕ２のヴォーカル。彼をはじめメンバー全員が環境問題や人権問題に積極的に発言・活動し、リサイクルした衣料品を再生して作ったTシャツやファッション衣料は、環境問題・人権問題に興味がある人々に大人気を誇る。売り上げの全額が環境団体や人権団体に寄付され、ノーベル平和賞候補にも挙がっている。

今後は商品に特化した広告宣伝も、同様の理由で消費者の関心を引くことは難しくなると思われます。テレビを見ても、商品自体を説明するＣＭは少なくなりました。その商品を使ったライフシーンを紹介するＣＭのほうが断然多くなっています。１人のモデルではなく複数登場させることで、それぞれの登場人物のライフスタイルを複数イメージさせ、いずれかが消費者のライフスタイルと合致することを目指しているのです。これからは、どれだけ豊かな生活を消費者にイメージさせることができるかが大きなカギとなることは間違いありません。

生活雑貨売り場から新業態店舗の開発へ

次世代のライフスタイル売り場とは、どのようなものになるのでしょうか。衣料と雑貨を一緒に展開した初期の売り場から切り口を変え、シーン別の括り方をした売り場でしょうか。体験型消費をさせる施設を複合したＡＢＣクッキングのような業態でしょうか。

１９７０年代から早くも多様化し始めた各種の消費者ニーズに対応するマーチャンダイ

ジングを実現させるために、これまでもメーカーはさまざまなＭＤによる新業態をつくってきました。しかし、これからの売り場は従来のように単にモノのみを集積しただけでは成り立ちません。店が発信するＭＤをネット等によって確認・把握してから来店する、いわゆる目的買いとも言うべき消費行動になっています。ただし目的買いに対応するだけではネットとの差別化が難しいため、わざわざ来店してもらえるソフト＝コトが不可欠なのです。

80年代のように単純なコト寄り消費を促すのではなく、購入したモノの使い方を実感してもらえる「体験型コト寄り消費」も可能な、これまで小売業が蓄積してきたニーズ対応ソフトを１カ所に編集した売り場＝業態の開発が求められます。ネットと売り場と売り場外の体験イベントが一体化した場づくりです。「ライフスタイル」という概念が初めて登場した70年代にも、すでに消費者の個性化によるニーズの多様化やモノ離れなどは始まっていました。このニーズの劇的変化のきっかけとなったのが２０１１年、３・11の東日本大震災です。消費者ニーズの質的変化と、文明の進展を背景とした空間・距離・時間を超越できる消費社会への突入という事実を、しっかりと見極めることが絶対条件になりました。

スポーツ総合メーカーのパタゴニアのロンドン・リージェントストリート店では、極度の低温に耐え得るウエアを販売するために、ガラス張りで体験できる低温冷凍室を設け、マイナス40度まで体感できます。さらに、強力な風圧にも対応できるかどうかを体験してもらうために、風速50メートルまで体感できる風圧室も設置しています。南極やエベレストに挑む人たちのニーズに対応するソフトが展開されているのです。他にも、あらゆる状況を想定した探検や冒険に不可欠な雑貨アイテムを揃えるほか、携行食料も扱っています。高峰登山のためのＤＶＤも常時放映され、登山のシミュレーションまでできる店舗は、世界でここだけだそうです。

ここまでの装置は無理だとしても、単に商品を販売するのではなく、商品をどう展開し、納得してもらうかがリアル店舗の実力として評価されるようになります。パタゴニアでは店内状況や商品説明はネット上にリアルタイムで流され、来店する動機づけを行っています。膨大な品揃えをいちいち説明するのではなく、商品を体感したらこうなるというイメージを消費者に植えつける効果をネットに持たせているのです。

また、近年では百貨店内の限られた店舗面積ではライフスタイル提案ができないとばかり、専門店が路面で大型店舗を展開するケースが目立ってきました。ファッションとカフェ、食品に調理器具まで揃えたショップです。オーナーまたはコーディネーターの感性や思想を映した明確なスタイルを徹底して打ち出していることが、何よりも特徴です。さらに、ファッションや雑貨などのモノを展開するのみならず、音楽ライブなどのイベントとタイアップしたり、アーティストとコラボレートした限定商品を提案したり、コンセプトと共振するヒト、モノ、コトを垂直・水平に交差させ、ショップが考えるライフスタイルを空間として体現しています。それに共感した顧客が圧倒的支持者としてトータル購入するのです。

消費者ニーズに対応する以前に、ショップのポリシーを明確に打ち出し、それに基づいたＭＤとコトが一体になった空間――単なる商品でもなく、単なる体験でもなく、単なる差別化策でもなく、ショップ自体が生活の基本部分を形成する信条の表現なのです。売り上げ確保のために流行商品を導入したり、異分野の商品を複合させたりすればライフスタイル提案とばかりに、複数のバイヤーの混合チームによるＭＤを展開するのとは違うのです。それでは個性が薄まり、何を主張する店か分からなくなり、消費者の支持を得ることは難しくなります。

まさに「この指とまれ」と、消費者の先頭を駆ける勇気が今まで以上に求められるのです。圧倒的な存在感と明確な主張を持ち、店舗環境や販売員の接客方法はもちろんのこと、メイクから会話の一語一語に至るまでその存在を示し、自店の独自性をアピールする時代なのです。消費者が憧れる、あるいは望むライフスタイルにおけるファッションスタイルをこれでもか、これでもかと見せ続けることが求められます。

大量生産・大量販売神話の終焉

見えない消費者

激変した消費者ニーズに対して、現状の小売業の対応はどうなっているのでしょうか。消費者ニーズは分裂して限りなく「個」に近づいたため、「誰でも」を相手にした商品は「誰からも」見向きされなくなりました。限りなく個に近づいた消費者は、従来型の情報が少ないショップではモノを買いません。自分が望むライフスタイルを充実させるために、自分が望む情報を明確に発信しているショップにしか興味が湧きません。商品やライフスタイルに付属する蘊蓄（うんちく）や使い方、新しい組み合わせなどの情報を求めているのです。

現在展開されているショップはブランド別展開が主力で、そのブランドのテイストを前面に打ち出すことが基本展開となっています。しかし、消費者がそのブランドの主張すべてに共感して眼蔵滅法に買い漁る時代は過ぎ去り、好きなブランドであっても、その中の本当に好きなモノにしか興味を示さなくなっています。ブランドの売り上げを構成する購買客数と購買点数の関係を分析すると、明らかに1人当たりの購買点数が減っていることが分かります。

ここ数年、百貨店をはじめ専門店チェーンを含む日本の大手小売業各社が苦戦を強いられている大きな要因は、大量生産・大量販売型のシステムに乗っかった従来の販売戦略を採っていることにあります。顧客ニーズの絶対量が少ないにもかかわらず、旧来の括りでターゲットを設定して大量の商品を並べても、売れる量は決まっています。しかも「自分のライフスタイル」を探し始めた消費者に対して、従来のアイテム別編集やブランド展開のように「どこでも、いつでも買い得る商品」を並べただけでは見てさえくれません。

今の消費者ニーズが向かっているのは明らかに、自己のライフスタイルを追求する、こだわりを持った消費スタイルです。そのニーズの中身は十人十色なので、個別に対応することは不可能に近くなっています。同じ商品に対しても、一人ひとりが感じることや望むことは異なります。同じ目的で大量にモノが売れる「流行」とは、今の消費者は無縁なのです。いくら良くて安い商品でも、自分のライフスタイルに合わないモノは興味もなければ、必要もないのです。

それゆえ、大量に作っても売れる量は限られます。そこでネット販売に期待がかかるのですが、競合も多く価格も多様に存在するため、そう簡単には売れません。トレンド性の強い商品は価格が通りにくく、定番商品は長く販売できますが飽きられます。

大量生産に代わってチャレンジされたのが、多品種小ロットでした。どこにでも売っている大量生産品では売れないので、少量生産であまり店頭では見かけない商品を独自の切り口で揃えることで、ライフスタイル提案の独自性を出せると多くのショップが考えました。この多品種小ロットはバブル華やかなりし80年代にも取り組まれましたが、最終的にはうまくいきませんでした。最終処分までにあらかた商品を売り切ることはできるものの、売り上げを追求するとどうしても「残」が発生し、利益を生むことができないからです。このような背景があって、小売りもメーカーも、大量販売をしなくても、多品種を作らなくても利益の出る方法を模索し出したのです。

ライフスタイル型消費をよく分析すると、「良くて安い」商品でも売れなくなっている一方、「高くても好き」な商品が売れていることが分かります。バーゲンが不調なのも、良くて安い商品でも「好きではない」あるいは「必要ではない」商品は売れていないからです。

「とりあえず買っておく」という消費行動はまったく影を潜めてしまいました。本当に欲しければ定価でも購入しているのです。収入の多寡には関係のない行動パターンであり、商品が自分のライフスタイルに合えば「価格はあまり重要ではない」という消費傾向が顕在化しているのです。

消費者ニーズへの対応は、単なる商品の良し悪し、価格の高い安いとは関係ないことが分かります。それらは二の次で、最も消費者に訴えることができ、購買に結びつくのは、ライフスタイルをより豊かにする商品を提案していくことなのです。しかし、そうした商品も大量に売れるわけではありません。自店が提案するライフスタイル自体に共感してもらえなければ単品販売で終わってしまいますが、共感してもらえれば「次はどんな商品が提案されるのだろう」と興味を持ってくれます。このプロセスを経て店のファンになり、固定客になっていくのです。

メーカーや小売店は売れたからといって、ずっと、大量に、同一商品を販売し続けてはなりません。消費者は自分の中でライフスタイルのイメージを膨らませ、それに合う商品を購入するので、一人ひとりの購入目的が少しずつ異なり、最終的には大きな差となっていくのです。なぜ売れないのだろうと理由を突き止めて、また大量に販売しようとすると、間違った方向に進んでしまいます。もはや同じニーズがあり続け、大量に同じ商品が売れる時代は終わったと認識すべきなのです。

自立し、他人から影響されず、自分の意思で消費を行っていた消費者も、昔から存在していました。このような消費者は、マスの広告に惑わされず、自分の生活の目標を明確に持っていました。いくら大量の広告宣伝を見ても、自分が望む商品が明確にあり、決してブレない人たちです。主に、上流階級で本物志向と呼ばれる消費性向の人たちや、一般とはかけ離れた贅沢を知っている人たちです。

神楽坂の芸者衆のような存在もこれに含まれます。彼女たちは職業柄、高収入の消費者との付き合いが多く、一般消費者よりも遥かに高級品や贅沢品に精通しています。そのため、トレンドや中途半端な商品には見向きもしません。自分自身とその生活をより高級志向化することで、職業的成長を図っています。

他人との比較ではなく、常に自身の「格」の向上のために消費を行っているのです。「誰かが持っているから私も」といった付和雷同型の消費はいっさいしません。ヒトラーが共産主義の脅威をいくら叫んでも我が道を進んだチャーチルのような存在です。神楽坂の芸者は、10人揃えば10人がまったく違うテイストやレベルのブランドやオーダー品で自己主張し続けているのです。

消費者を絞り込んだ伊勢丹の挑戦

伊勢丹は今やＭＤ力で有名です。そのＭＤ力を強化し、より消費者ニーズに近づくために数多くの試みを行ってきました。ライフスタイル提案ではありませんが、「良質適価かつ高感度」をコンセプトにファッションのニュースタンダードを提案する「ＢＰＱＣ」や、百貨店が運営するセレクトショップの先駆けとなった「リ・スタイル」は象徴的な取り組みです。顧客にとって新しい形の売り場にもチャレンジしてきました。ブティックの壁を取り外し、自由に気兼ねなく商品を手に取れる売り場環境づくりも注目を集めました。

これらのチャレンジの中で最も衝撃的だったのが、新宿本店のメンズ館です。面積の狭さを逆手に取り、伊勢丹が主張する「時代のメンズ」を徹底して展開しているのが特徴です。一般に百貨店の紳士売り上げは、アダルト層の購買とその夫人による代理購買がかなりの部分を占めています。これら既存顧客を排除し、伊勢丹のＭＤを理解できる消費者のみに絞り込んだことは、百貨店業態としては画期的な取り組みでした。前年を重要視する日本の百貨店の中で、前年売り上げが取れなくても新規顧客の獲得を目指し、新しい消費者ニーズへの対応にまさにチャレンジしたのです。

多くの大型小売業が、消費者ニーズの変化を大なり小なり認識してはいます。しかし、現在の顧客を捨ててまで次代に生き残る策を模索し、つかみにくくなった消費者ニーズをどう捉えていくか、自社のＭＤの主張がどこまで時代の消費者ニーズと合致しているか、あるいは先導できるか、などの答えを求めてチャレンジした例はかつてありません。伊勢丹は徹底したマーケティングに基づく自説の証明に挑戦したわけですが、大きな賭けだったと思います。たいていの百貨店は売り上げを落とすことを恐れ、原案からはほど遠いレベルまで縮小した簡易型実験に留まっているのが通例だからです。そして結局、手前味噌の、チャレンジとは呼べない、従来顧客をターゲットにした売り場開発になっているのです。

伊勢丹のメンズ館は、総花的な従来のＭＤでは次の時代に生き残れないとの認識に立ち、「この指とまれ」とばかりに、同社にしかできない新しい「カッコ良さ」を徹底して追求した提案でした。確実な売り上げが取れる代理購買層を切り捨て、さらに不特定多数に向けた大量販売も捨てました。自ら来店してくれるコアな顧客の創出に向けてＭＤを構築したのです。「カッコ良い」というキーワードで、日本未紹介の世界の一流品や限定ブランド、最先端のデザイナーによる商品などを提案し、「誰にでも似合う」商品ではなく、伊勢丹が考えるカッコ良さが似合う人しか顧客にしないという、新しくも時代の要請を先取りしたチャレンジだったのです。

そのMD展開は、伊勢丹独占販売という大きな賭けが基本でもありました。想定通りの顧客を開拓できなければ単なる失敗というレベルでは済まない独占販売を可能にしたのは、大手メーカーとの取り組みではありません。家内制手工業やデザイナー工房による少量生産品を取り入れ、どこでも買える商材とは一線を画したモノを主力としたからです。

この取り組みは大成功でした。伊勢丹の提案に共鳴した老若男子が全国から参集したのです。それまで百貨店に見向きもしなかった男性たちが、それまで見たこともなかった商品と、その背景にあるストーリー性や蘊蓄（うんちく）に、自分たちが望むライフスタイルを重ねたのです。

婦人も同様でした。伊勢丹の感性によって各デザイナーの特徴商品のみで編集された売り場は、最新のファッション情報を発信し続け、最新の流行を生み出し、トレンドをライフスタイルに据えるファッショニスタとその予備軍に圧倒的な支持を得たのです。

いつでもどこでも買える商品ではないため、人々は先を争って「伊勢丹詣で」をし、商品を手に入れようとしました。この流れを商機と見て雑誌やマスコミは伊勢丹特集を組み、売り上げを上げていきました。大手メーカー各社も、伊勢丹とのコラボ商品開発に乗り出し、同社の限定品戦略に一役買いました。これにより、現状の小売業に不満を持ち、自身のライフスタイルを豊かにしてくれる商品はどこで買えばいいのかと探していた消費者に、絶大な支持を湧き起こらせたのです。さらに伊勢丹は、単発的なＭＤ展開ではなく、消費者のより良い生活の実現に向けて52週にわたるライフスタイル提案を全館で行いました。ファッションから始まったＭＤ改革は瞬く間に全館レベルとなり、ファッション雑貨や生活雑貨、リビング全般、食料品にまで広がっていったのです。

この伊勢丹のチャレンジは、百貨店にとって大切なことを思い出させます。百貨店は消費文化の担い手として、消費者に常に新しい情報を発信する義務があるということです。ただ売れるモノを並べ、効率良く大量にさばいて利益を得るというだけでは、百貨店の存在意義はないということです。百貨店をつくってきた先達は、利益の追求は当然のこととして商いの根底にあるけれど、消費者の生活を便利に豊かにし、楽しみを提供することを主眼にしてきたと思います。

総合スーパー（ＧＭＳ）は効率化を目指し、「省経費」「大量販売」「地元」「低価格」をキーワードとして、いかに速く、大量に、薄利多売を行うかが業態としての要諦でした。百貨店は「対面接客」「上質」「不用の要」など、効率ではなく「生活文化の向上」が業態として存在する本質です。そのために、ＧＭＳの日用品ではなく、進物やご褒美、贅沢などの高級路線が主力になっていったのは当然ことでした。しかし、いつしかＧＭＳのように店頭に効率化を持ち込み、大量販売へと主眼を移し、百貨店の本質を変質させてしまったように思われます。唯一、海外ラグジュアリーブランドの展開がＧＭＳとの違いであって、他の商品は専門店やＧＭＳと差がなくなっています。このようにして百貨店は、わざわざ行く場所から外れていったのです。

伊勢丹のチャレンジは、眠っていた百貨店の本質を揺り起こしました。しかし残念なことに、伊勢丹の成功をうらやむことはしても、その本質を見抜いた百貨店は皆無としか言いようがありません。次世代を担う新規顧客を獲得するために次々とＭＤや売り場の開発を進める伊勢丹に対して、他の百貨店は消費者ニーズの変化に気づいていないと思われてなりません。Ａブランドだの、Ｂブランドだのと、ブランドの選定だけをしている状況では、時代の変化を見ているとはまったく言えません。伊勢丹と比較すると10年は遅れています。

致命的な遅れだと思います。どこの百貨店も顧客第一主義を謳っていますが、実際は消費者をまったく見ていない「開き眼蔵」状態と言わずにはいられません。全百貨店の覚醒を期待します。伊勢丹は百貨店業界で別格の地位を確保したのです。

アンテナの折れたメーカーの苦悩

百貨店とともに歩んできた現在のメーカーもまた、やはり消費者ニーズの変化の前に、自らの方向性を見失っています。メーカーは多品種小ロット化やブランドの多発によって、多様化する消費者ニーズへの対応を図りましたが、うまくいきませんでした。消費者が望んでいるモノを把握できなかったからです。その展開方法も、消費者ニーズを捉えることはできませんでした。消費者が望むライフスタイル提案になっておらず、ただブランドのトレンド性やデザイン性などしかアピールしなかったからです。その結果、多数の販売ロスを生じさせ、多品種小ロット化やブランドの多発は長続きしませんでした。

メーカーは従来のマーケティング方式で次から次へとターゲットを少しずつ修正した物

づくりを継続しましたが、主力の販売先が百貨店であったため、消費者からは理解されませんでした。

消費者は自分の生活について、自らストーリーを作り、それに合った商品を探します。自身の価値観を明確に持ち、それを具現化してくれる商品を求めていますが、その提案がない店舗や価値観がズレている店舗にはまったく興味を示しません。現在の百貨店や大型スーパーをはじめ、既存の専門店チェーンですら、きちんと消費者に向けてライフスタイルを発信しているところはごく稀です。一部の進んだ専門店がライフスタイル型展開にチャレンジし、その中でもごく一部が明確なメッセージを発信できているくらいです。それゆえ大型店舗は客数減が続き、インショップ展開しているメーカーブランドは、いくら情報を発信しても売り上げをつくるどころか存在すら認識されないという状況にあります。

また、メーカーがいくら情報を発信しようとしても、展開スペースが中途半端な大きさだったり小さかったりしては思い描いた表現をすることもできず、時には消費者に間違ったイメージが発信されてしまったりして、ブランディングには逆効果となるケースが多くあります。コンセプトをきちんと発信するためには路面店か、狙うターゲットの多くが来店する商業施設に出店するしか方法はありません。

しかし、もっと根本的な課題は、ブランドのコンセプトからブレることなく継続させることです。どんなブランドも予算を抱えているので、期中に売り上げ不振に陥ると、展開場所の良し悪しやＭＤのミスマッチなど、その原因を十分に理解・反省する前に他社の好調商品をコピーして店頭に唐突に導入し、売り上げ確保に走るケースが多々あります。結果、当初のＭＤが変質して店頭の単品のみが売れ、ブランド固有の発信内容はどんどん変質してしまう。「初心に帰れ」とばかり、数年ごとにブランド創生期のコンセプトに戻るということを繰り返すものの、消費者の支持を得られず、消えていくことになるのです。

それではどうすればよいのでしょう。まずするべきことは、改めて消費者ニーズを把握することです。できるだけ多くの生活シーンから、多くのニーズを抽出し、そのニーズ群の中からさらにブランドコンセプトに合致する要素を抽出し、商品開発に生かすのです。どのニーズがブランドに合うかを理解できなければ、何を作っても意味がありません。それは消費者が欲しくないモノだからです。

とはいえ、消費者ニーズに合致した商品を作りさえすれば売れるかというと、それも大きな間違いです。消費者ニーズには流れがあり、理由もなく突然売れるということはありません。ニーズの流れは直線ではなく、蛇行していたり、急に細くなったり太くなったり、ある時には湖のように大きな溜まりになったりします。

消費者ニーズをつかんで売れる商品を提供することは、川の流れの中にいる魚を獲ることと似ています。川の中の魚を追いかけて手でつかもうとしても、それは無駄な行為です。魚がいそうな場所にむやみに移動しても魚はすぐに移動してしまい、いっこうにこちらに向かっては来てくれません。消費者ニーズの流れの中で、ここぞと決めたポイントに情報を発信し、消費者が興味を示すのを待つ。魚がまったくいない場所に糸を垂らしても魚は獲れないし、金魚をすくうのにマグロを獲る竿を使ったのではすくえません。確実にブランドの商品がマッチする流れを探し、ひたすら「この指とまれ」と主張し続けるのです。

トレンドを追いかけることはメーカーの宿命でした。いかに速く売れ筋をつかみ、追加生産を間に合わせるかが営業の本分と言われ続けてきました。しかしトレンド自体のパワーがなくなった今日、トレンド指向だけでは売り上げは取れません。ですから、トレンドを追うより、しっかりとブランドの立ち位置を明確にし、そのうえで消費者ニーズに合致するであろう商品を提供することが不可欠なのです。

消費者ニーズをつかむには、ターゲット層のマーケティングだけをしていても意味がありません。前に述べたように、消費者が大きな塊ではなくなったからです。あらゆる年齢層、あらゆるテイスト、あらゆる収入層が、一つの消費者ニーズの中に混在しています。だからこそ、自社は「こうだ！」という明確なコンセプトに基づいて、明確なニーズ対応商品を、あらゆる機会や手段を使って発信していく必要があります。そうしていかないと、消費者は自分が欲しい商品がどこにあるのか分からず、欲しい商品と欲しい人がマッチングできないからです。今はネットという驚異の情報収集ツールが消費者の手元にあります。少し前までは簡単に手にすることのできなかった情報発信ツールでもあります。ブランドの宣伝と同時に、消費者ニーズを把握するツールとして活用しない手はありません。それが今一番の急務です。

消費者ニーズが把握でき、ブランドコンセプトも発信でき、消費者に商品が支持されたとします。支持が強ければ強いほど商品は売れ、足らなくなります。これまではすぐに追加生産を行って対応してきました。ところが最近では、消費者ニーズの規模がどれくらいあるのかを確かめ、よほど注意して追加生産をしないと売れ残ってしまうケースが増えました。消費者ニーズが多様化し、ニーズの規模そのものが小さくなっているからです。加えて情報発信量が比較にならないほど増え、次から次へと発信されるので、消費者ニーズの移ろいも想像以上に速くなっています。そのため、追加生産したものの、投入時期がすでに遅くて売れなかったというケースが近年、とても多くなっています。

昔は顧客が商品を買いに来た時に「売り切れは悪」であり、「必ず代替品を薦める」ことが小売りの鉄則でした。近年は「売り切り御免」の早い者勝ちが通常です。限定品や先行販売品を含め、いつまでも同じ商品が店頭に並んでいるという状態は決してよいことではありません。それよりも、売れ筋商品とのコーディネート商品や次の商品を早めに投入するほうが、顧客に飽きられなくてよいのです。メーカーは一つヒットが出ればそのコーディネート販売を強化するべきであり、それが今日的です。

確実に売れる商品の開発はメーカーの夢ですが、価格を上げても支持される商品の開発は今でも十分可能なのです。何が何でも安くなくては売れないといった考え方、大量販売しないと利益が出ない体制では、生き残れません。事前のマーケティングを徹底して消費者ニーズを探し出し、ニーズに合致した商品が他にどこにもなく、ライフスタイルの一環として提案されれば、間違いなく支持されます。その際には、大量生産をせず、事前にマーケティングした市場の大きさに見合った商品量を投入することが大前提です。欲をかいて追加生産するより、早く自社商品の中で定番化できるモノを見つけることです。

このような状況を考えると、次の消費者ニーズに対応するためのキーワードは「バイオーダー」かもしれません。既製服を提案するのではなく、顧客のオーダーにより生産するのです。メーカーはサンプルのみを製作し、一定期間で正式オーダーを受けてから生産に入るというシステムです。実際、紳士スーツは既製服よりオーダーが近年伸びています。それを受けて、アオキや青山をはじめ、ユニクロもオーダースーツに参入しています。これらの動きは、一つは消費者ニーズへの対応が目的ですが、もう一つは生産者側の事情もあります。いかに不要在庫をなくすかが、いかに売り上げを伸ばすかと同じくらい重要なのです。過剰在庫は利益を圧迫します。今後はこのオーダーシステムを新規消費者ニーズに合わせられるかが、メーカーの大きな課題になるでしょう。ブランドを多産しても、もはや意味も効果もないのです。

第4章 「消費文化維新」の時代

～生き残りの条件と対応

売れない時代に躍進する小売業

我が道を行く無印良品の躍進

モノが売れないとされる時代にあっても、躍進を続けている企業は存在します。その一つが「無印良品」を運営する良品計画です。現在702店舗を擁し、売上高は約3千億円、世界規模で成長を続けています。国内とほぼ同数の店舗を欧米やアジアなどに展開し、国際化を進めています。2015年2月期は12期連続増収、4期連続増益で最高益を更新しました。

同社は会社設立以来、ずっと成長を続けてきたわけではありません。多角化路線が原因で、バブル崩壊後やリーマンショック後には売り上げが急速に落ち込み、一時はかなり危機的な状況に陥りました。しかし、現在は乗り越え絶好調と言えます。

良品計画が復調した原因とは何でしょうか。同社は１９８９年に西友から独立して以来、雑貨や衣料、家具、文房具、食料品、電化製品に至るまで生活用品を中心にＭＤの幅を広げ、消費者のためのライフスタイル提案型企業として支持を得てきました。エコやエシカルの先駆け企業として、独特の地位を維持しています。商品は明確なコンセプトのもと東西の一流クリエーターが中心となってデザインされています。

同社が時代を超えて支持されているのは、そのコンセプトからブレないからです。金井政明会長は、「『感じ良いくらし』を実現するために企業は存在する」と話しています。売るために良いデザインのモノを作るという発想ではなく、こんなデザインがあったら生活が楽しくなるという発想が起点にあるのです。売れるモノを作るという考えはないそうです。

無印良品は、次々と消費されるモノを作って売るためのデザインがもてはやされていた時代に、デザインの本質や本来の役割とは何かという問いからスタートしました。モノを売るためのデザインに対するアンチテーゼとして無印良品は誕生したのです。その考え方は、商品パッケージにまで貫かれています。商品パッケージには一般に、例えばスーパーなどの売り場では競合商品よりも目立つデザインが施されます。しかし、そのデザインはひとたび家庭に入ると不要なものになってしまう。そのことに気づき、無印良品ではパッケージに過剰なデザインを入れず、できるだけ簡素化しようと考えました。それが現在も使われている、あの無彩色のパッケージです。

また、無印良品が誕生した80年代は、それまでの「モノのない時代のモノを消費すること自体が目的の時代が終わり、モノが簡単に売れなくなった時代」の始まりでした。その中でモノを売るために、大きくは二つの取り組みがなされました。

一つは、品質はそのままに価格の安いモノを作るということです。もう一つは、見栄えを良く見せるための工夫として新しいデザインや流行を取り入れたモノを作り、テレビCMなどで認知度を高め、ブランディングをしていくという取り組みでした。この2極化の中で日本はバブル経済へと突入していくのですが、良品計画はモノを売るという資本の論理ではなく、人間優先の理論でいきたいと考えました。商業主義で作られた商品より、「アノニマスデザイン」（※1）を目指したのです。その良品計画が多角化を目指し、売り上げ指向に陥った時には、やはり他社と同じように消費者の支持を失い苦戦しました。その時に良品計画が採った戦略は、単に商品点数を削って利益を高めることではありませんでした。創業の原点に立ち返り、物づくりをしたのです。それによって業績回復を果たしました。

良品計画の企業姿勢が見えてきます。「『感じ良いくらし』のコンセプトに合わないモノは売らないし、開発する必要もない。より良い暮らしにつながる商品を、生活者の目線で開発し、提供していく」「生活の基本となる本当に必要なモノを、飾ることなく、『必要の本質』を商品にする。モノを売るために消費される形だけのデザインはしない」と金井会長が言うように、常に消費者目線で、消費者が必要としているモノを作るのです。利潤追求を唯一の目的とし、株主のみに気を使う現代資本主義ではあり得ない発想です。金井会長も「利益は大事」とは言いますが、「売り上げが大事」とは言いません。企業ですから利益がなくては存続し得ませんが、不必要な売り上げ拡大は目指さないと断言しています。

図体のでかい恐竜が支配者になった途端に滅び、小回りの利く小動物の哺乳類が生き残ったように、売り上げ競争のために不必要に物づくりを増やしては、いずれ滅びます。やはり、しっかりと「消費者の必要」を考えて物づくりをすることが、企業の持続的成長につながるのです。無印良品は有名デザイナーとコラボした商品だとか、どこそこで賞を獲った商

※1　アノニマスデザイン＝無名性デザイン。誰々がデザインしたとか、ブランドとか、そういった名称の冠をつけて謳っていない製品のこと。

品などといったPRもいっさいしません。売らんがための販促はコンセプトに合わないからです。売るための諸施策を「カッコ良い」とは思っていないとも言えるでしょう。

このように、他社とはまったく違う「我が道」を粛々と進んでいることが、無印良品が支持されている理由ではないでしょうか。これは、売るために「一番楽」「効率が良い」などいった考え方とはまったく違います。大手小売業が一番忘れてしまったこと、つまり「顧客のため」に「何ができるか」が必要だということを示しています。最も大切なのは、低価格訴求でもなく、ブランディングで価格を上げることでもなく、今から40年前に無印良品が掲げたコンセプト「感じ良いくらし」のために自社は何ができるかという考え方ではないでしょうか。また「この指とまれ」と、自社のスタンスを変えず、コンセプトに共感する消費者のみをターゲットにしてきたことも重要なポイントです。一人でも多くの消費者に向けてではなく、コンセプトに共感する消費者だけに視点を絞り続けたことは、「言うは易し」で実践は難しいと思います。実際、無印良品の成功を見て表面だけ真似たブランドは数多くありましたが、今日残っているものは一つとしてありません。

無印良品ができた時のセゾングループの総帥だった故・堤清二氏はいみじくも、このようなことをおっしゃっていました。消費社会とは「すべてのモノを消費の対象と見る。消費の対象とならないモノは無価値と考える社会」であり、どんなに美しいモノでも、どんなに良いデザインでも、どんなに一生懸命作ろうとも、消費の対象にならなければ無価値とされてしまう社会。需要よりも供給が上回ると「消費社会現象」が起きてくると。

80年代はまさにモノが溢れ出した時代です。青山通りなどに海外ファッションブランドのショップがたくさんできて高額なブランドが関心を集める一方で、家庭内では品質の悪い日用品を使っていたり、生活様式も混乱を極めていた時代でした。製造業の機械化やアジアの工場化などで生産力が増大し、圧倒的に需要より供給が勝ったのです。そうなると、欲しいのは１００個なのに５００個作れてしまい、４００個は売りつけなければならないといった事態になりました。「リゾーム化（それが本当に実用の価値があるか分からなくなること）」や、「ファッション化（使用価値から見ると無意味でも、持っていないと不安に思わせること）」といった消費社会現象が起こり始めたのです。

その中にあって、本当の意味で消費者に有益なのかと自らに問いかけ、物づくりをしてきたのが無印良品です。この思想は今も変わっていません。創業時点から明確な「企業コンセプト」を持ち続け、「消費者目線」で社会を見て、その必要の本質をＭＤに体現していくことを意識した企業だったのです。企業として大きくなったのは、後継者たちがこの路線を着実に受け継ぎ、確実に理念を実践し続けた結果に他なりません。現在、国内とほぼ同数の海外店舗を擁する日本企業は他には見当たりません。それだけ無印良品のコンセプトが世界に通用している証しでしょう。15年2月現在25カ国に３０１店舗で、今後さらに出店を増加させるそうです。価格ではなくコンセプトで世界を席巻する、頼もしい限りです。

どんな時も基本に忠実に、本当の意味での「顧客第一主義」を貫くこと。顧客に迎合することなく、自社が存在する意義とは何か、顧客に何ができるのかを考え抜いたＭＤは、時代に流されないどころか、逆に今後も時代をリードすることでしょう。時代に流されず自社の基本に忠実にと言うと、昔のままの商品でよいのだと勘違いする人がいます。自社の基本に忠実なのはよいのですが、例えば今日、どんなに良い素材で、どんなに良い縫製で「モンペ」を作ったとしても、原宿のブティックでは売れません。シャネルの素材を使おうが、グッチの革を使おうが、時代に合わない商品を時代に合わない場所で展開しても売れないのです。これは簡単に分かることにもかかわらず、意外と理解していない人が多いのです。

商品が売れない理由として、「ファッショナブルではない」「ダサい」などの表現がよく使われます。しかし、ファッショナブルにするために奇を衒（てら）ったモノを作ったり、素材に凝ったりしたとしても、それは消費者がモンペに求めている本質とは違います。モンペは今でも十分に売れる商材です。ただ時代の変遷とともに、必要とする消費者のいる場所と、必要とする目的が限定されているのです。誰が、どこで、なぜ必要なのかをマーケティングによってきちんと押さえれば、まだまだ需要はあるということです。

1996年の桶狭間、高島屋が変えた伊勢丹新宿本店

苦戦する大型小売業の中で、時代を追いかけ、消費者をリードしている企業の一つに三越伊勢丹があります。その伊勢丹新宿本店のチャレンジは、96年の新宿高島屋の出店を契機に始まりました。高島屋が新宿への出店を決めた時、伊勢丹は高島屋のような高級フルライン百貨店が出店してくることに圧倒的な危機感を感じたそうです。高島屋は日本橋に大型店舗を構え、売り上げも三越日本橋店と西武池袋本店と並ぶ三大百貨店として業界に君臨していました。大丸が松坂屋と、西武がそごうと、そして伊勢丹が三越と合併する以前は、高島屋グループが売り上げ日本一で、高額ラインに強いＭＤ力を誇り、その外商顧客のレベルの高さは群を抜いていました。その高島屋が30年来の強い希望であった新宿進

出を果たすのです。伊勢丹の危機感がどれほどのものだったか想像に難くありません。当時の力関係からすると、高島屋と伊勢丹では大人と少年ぐらいの差があったと思われます。

高島屋の新宿進出の夢は古くからあり、64年に完成した新宿ステーションビル（後の新宿マイシティ、現在のルミネエスト新宿）に出店が予定されていました。それを知った西武グループと伊勢丹が強烈に反対し、西武鉄道は駅を手前で止めてしまったほどでした。現在の西武新宿駅はもともとは仮設で造られたものです。その結果、国鉄（現ジェイアール東日本）、鉄道弘済会、丸正（地元スーパー）、西武、伊勢丹、高島屋が新宿ステーションビルの株主となり、高島屋は小規模の特選ショップのみの進出にならざるを得ませんでした。以降も高島屋は新宿進出の夢を捨てきれず、30年の時を経てようやく叶えたという経緯があります。

しかし、念願の新宿出店だったにもかかわらず、高島屋はどのような店舗構成をするのか大して検討もせず、日本橋との喰い合いを恐れて、「新宿＝ヤング」というとも簡単な図式でMDを決めました。さすがに百貨店だけでは9万平米は埋めきれず、紀伊國屋書店や東急ハンズをテナントとして導入し、SCの体をなして出店しました。日本初の都市型SCとして、総合力で立地の弱さをカバーしようとしたのです。百貨店自体は5万4千平米で出店し、伊勢丹の本館・メンズ館の6万4千平米と拮抗する規模でしたが、駐車場は７５７台を収容でき、３８６台しか収容できない伊勢丹にとって大きな脅威となりました。これを機に、伊勢丹は対高島屋のＭＤ強化に邁進することになります。

当時の高島屋は規模といい、ＭＤ力といい、取引先の数といい、圧倒的な力を誇示していました。ただ日本橋と新宿という距離のみに着目し、強みであった主婦層対象の高級百貨店ではなく、流行に敏感なヤング狙いのＭＤを採用しました。ヤングを狙うといっても、既存の百貨店メーカーの中から比較的ヤングに強いとされていたブランドを導入しようとしましたが、伊勢丹の強力な反対に合い、思うようなブランドを導入できませんでした。

伊勢丹は必死でした。本店を攻略されては潰れるしかないのですから、その危機感たるや強烈で、競合するブランドやメーカーへの恫喝に始まり、売り場面積と引き換えの交渉や、高島屋に獲られたブランドを止めて新規のブランドやメーカーの発掘に躍起となり、新しい売り場展開も盛んに行いました。

「解放区」や「リ・スタイル」などは高島屋出店に対するカウンターパンチでした。特に高級路線では劣っていた伊勢丹は、90年から展開を始めたバーニーズのノウハウを積極的に導入し、後に一世を風靡（ふうび）するラグジュアリーブランドを揃えたセレクトショップの礎を築き上げていきました。高島屋が旧世代のラグジュアリーに胡坐をかいていた時に、次世代のデザイナーをバーニーズのノウハウで発掘・導入したのです。これらの新規ブランドを展開するイベント広場としての解放区や、販売・情報発信拠点としてのリ・スタイルを次々と発表し、ヤングからキャリア、ヤングミセスの圧倒的支持を得るまでになったのです。

大型店で駐車場も大きく総合ＳＣの品揃えだからと高を括っていた高島屋は大打撃を受けました。ＭＤが古くミセス中心で、ヤングなど狙えるほどの実力もないのに、「伊勢丹なんて」という気分が社内には蔓延しており、新宿マイシティで常に伊勢丹の動向を注視していた専門店部隊からの「伊勢丹恐るべし」との意見具申も無視し、「そんなに伊勢丹が凄いのなら伊勢丹に再就職したら」との発言も出店担当のＭＤ責任者から出るあり様でした。

次世代を担う新しいＭＤ、新宿の顧客に合ったＭＤを構築することに血道を上げた伊勢丹と、鼻歌交じりにいい加減なＭＤしか持たなかった高島屋との勝負は火を見るより明らかでした。高島屋に期待したミセス層は失望し、欲しいモノは何もなく、サービスすら軽量化と称して削減してしまい、まさにＳＣそのものでしかない高島屋に「若い人の百貨店ね」と早々に見切りをつけました。一方、若い人は「おばさんの百貨店で、何も欲しいモノがない」と、やはり早々に見切りをつけてしまったのです。

戦国名門大名でありながら貴族趣味に浸りきって安穏としていた今川義元と、少数の新興勢力ゆえ徹底して総力戦を挑んで新時代の戦い方＝鉄砲戦略を実施した織田信長との桶狭間の戦いそのものでした。結果は歴史同様で、織田＝伊勢丹の大勝に終わったのです。初年度７００億円前後の売り上げに終わった高島屋は、目標の２千億円にほど遠いところを現在もうろついています。その後、伊勢丹は「ＢＰＱＣ」の開発や「オンリー・アイ」などのオリジナル商品と売り場の開発に余念がなく、03年にはメンズ館（※２）を誕生させます。別館の使い勝手が悪く、効率も上がらなかったのでメンズ館にしたそうですが、当時としては画期的でした。なぜなら「百貨店は夫人による代理購買が主役で紳士は百貨店には来ない」と言われており、百貨店でメンズ館という成功事例はなかったからです。

伊勢丹のＭＤ開発は止まることを知らず、その後も飛ばし続けています。「ザ・ステージ」やラグジュアリーブランドを筆頭にコラボした限定品の開発、伊勢丹のみで開催される各

※２　メンズ館＝伊勢丹のメンズ館出店は、渋谷のルミネマンや新宿マルイメンなどの流れを決定づけました。阪急百貨店が阪急メンズ館を立ち上げるなど伊勢丹メンズ館を真似した業態が相次いで作られましたが、どの業種も苦戦しています。そこにメンズ館があるべき必然がないからです。自社の顧客が何を望んでいるのか、何を提案すべきか、じっくり検討された結果ではなく、単なる真似では顧客はつきません。

種メーカーの新商品発表会や予約受注会など、もはや他の百貨店を寄せつけません。新規のブランドは言うに及ばず、既存のメーカーも伊勢丹が最優先事項で、他の百貨店はその他一同となっています。伊勢丹の商品開発力はもはや執念とも言えるレベルで、他社が真似をして追いつけるものではありません。

その伊勢丹に近年、さらに磨きがかかっています。販売員の社会的地位の向上と、それに見合った新しい評価制度の導入に着手しました。世界的には当然のことでも、日本では悪平等の組合主義が大きな壁となって実現できないでいる、販売員の売り上げ歩合制度の導入です。百貨店はモノを売って利益を上げている業態にもかかわらず、日本では第一線で販売に携わっている人たちの苦労が十分に報われているとは言えません。ましてや販売員でありながら役員になるなど、議題にすらなり得ません。販売員の売り上げ歩合制度導入は、その道筋をつけるものです。本当に販売している販売員に対してまず給与で報いて士気を高めることから始め、最終的には販売員に誇りとそれに見合う収入を与えることにより、販売職の地位向上を果たす。その結果として、販売員の販売力を向上させるという挑戦です。

やる気があっても経済的に報われない職種ではいけないという確固たる意志と、時間さえ潰せば売っても売らなくても時間給が入るという給与泥棒を許さないという強い信念の具現化と言えます。この施策の導入により、確実に販売力は向上し、販売職は地位を上げ、やる気のある人にとって希望の職種になるでしょう。そして売り上げ、人頭生産性は確実に上がるでしょう。この効果は想像以上に広がると思われます。販売力のない、ただ売り場で管理者然としている勘違い社員はその地位を追われ、売り場では販売する人のほうが会社にとって大事という当たり前のことが当たり前に理解されるようになるからです。

昇給が筆記試験に頼っており、販売実績や顧客数など顧みられない現制度は時代錯誤も甚だしくおかしいのです。売り場で販売するより倉庫で試験勉強をしているほうが試験に受かりやすい制度を平気で続ける人事部、改善しようとしない上層部。大企業病以外の何物でもありません。伊勢丹はこの課題に果敢に挑戦しようとしています。この制度改革・運用がうまくいけば、「昔からそう思っていた」という人が1千人は出てくることでしょう。

さらに伊勢丹は、顧客を待つのではなく、顧客のところに打って出る戦略も実行しています。第一弾が化粧品の「イセタンミラー」でした。消費者がわざわざ新宿本店に来なくてもこちらから出向くというのは、消費者にとってはうれしい話です。しかも敷居の高い新宿本店のMDはそのままに、気楽に行ける駅ビルのルミネ内での展開となれば、顧客にとっての利便性の実現以外に、新規顧客の開拓や休眠顧客の掘り起こしも大いに期待できるでしょう。

第二弾が「イセタンサローネ」でした。東京ミッドタウンに高級セレクトと言うべきリ・スタイルの進化版を出店したのです。地理的に新宿へ来ない客層が多い六本木を戦略的マーケットとして位置づけ、重要な顧客獲得・拡大の拠点を設けました。「新宿本店と連動するサロンとして、パーソナルなおもてなしを提供する」ことを目的にしているそうです。

かつて百貨店は、熊本の鶴屋百貨店に始まって、本店以外の場所に小型拠点を設け、外商機能やギフト機能を持たせ、わざわざ本店まで来なくても住まいの身近で用が足りるショップを盛んに造った時代がありました。しかし、一般品が中心のMD展開は百貨店MDと呼ぶにはお粗末で、顧客の支持を得られず、自然消滅的になくなってしまいました。

時は過ぎて約30年ぶりに、伊勢丹は時代を先取りすべく、拠点開発に邁進し始めたのです。イセタンミラーの出店地であるファッションビルや駅ビルは、目的買いの顧客より、通りすがりの衝動買いや通勤途中や住居の近くという人にとっての利便性が売りになります。そのため、どこで買っても同じという定性商品を中心としたMDになります。化粧品はうってつけでしたが、ラグジュアリーブランドまでも導入できたことは、「大したことはない」

と高を括っていた同業他店にとって青天の霹靂でした。

また、イセタンサローネはラグジュアリーブランドのセレクトショップです。ボリューム商品の金太郎飴的な出店とは異なり、出店エリアや場所に応じて同一ＭＤを組むことが難しく、出店場所も絞り込まれてきます。出店地の東京ミッドタウンには、外資系企業やＩＴ企業の役員が多く住むマンションがあります。従来の百貨店とはまったく違う新規富裕層の掘り起こしと、百貨店への取り込み窓口としての意義を模索することが真の狙いでしょう。百貨店より優雅な空間、パーソナルなサービス、顧客としての優越感など、百貨店ではなし得ない条件下で新規富裕層の取り込みという明確な目的を持つと、顧客に対してもその意思は分かりやすく好評になると思われます。

かつての高級イメージが強かったホテル出店時代から大きく変わった現在、百貨店以外の高級ショッピングゾーンの開発は大きな課題と言えます。伊勢丹の先行に対して、各百貨店がすぐに追随する可能性が大きいと思われます。

16年3月8日、そごう・西武が2店舗閉鎖の記事が出ました。一方、奇しくも三越伊勢丹が地方の大都市へ中型店舗（2千～3千平米）を今後3年で4～5店舗出店することを発表しました。名古屋の1号店を皮切りに、第三の矢として地方に「活路」を探すそうです。

百貨店として次々と新しい試みを積極的に展開していく伊勢丹の姿勢は、今後の百貨店の生き残りをかけたモデルとして大いに期待できます。

続々と生まれる新世代型ショッピングモール

ここ数年、武蔵小杉や二子玉川、湘南などに陸続と新業態ショッピングモールがオープンしています。これらは従来の生活充足品のみを扱う地元優先型や大型家電ショップ中心のショッピングモールとは異なり、新世代向けの新しい思想に発しています。空間と時間を消費する滞在型ショッピングモールであり、広域集客を目的とし、目玉となる新業態ショップや新ライフスタイル型ショップを展開しています。集客が第一目的であり、再来店頻度の向上による固定客数の増大や施設内回遊による購買点数の増大、その結果としての売り上げ確保を目指しているのが特徴です。

コト消費＝時間・空間消費はこれまでも試みられてきましたが、成功したのはショッピングモールそのものではなく、インショップ展開された新業態テナント、子供体験施設のキッザニアとＡＢＣクッキングスタジオぐらいでしょう。コトはモノよりもっと流行的性質が強く、そのトレンドが1年から長くて数年で変わってしまうからです。「ファッション衣料と雑貨を展開すればライフスタイル型ショップ」といった単純な発想ではなく、どうやって時間と空間を楽しんでもらうかを提案しているからこそ、支持されているのです。

消費者がモノを買う場所は明らかに変化しました。かつての一般商店からスーパーへ、そしてディスカウンターへ、時代に合った業態へとシフトし続けた消費者は、今また時代に合った新業態へシフトし始めました。それが時間・空間消費型施設です。

●代官山Ｔ－ＳＩＴＥ

時間と空間を消費する施設は、カルチュア・コンビニエンス・クラブが運営する「代官山Ｔ－ＳＩＴＥ」がその先駆けです。同社が主力とする書店だけではなく、ドッグランのあるペットショップやライカによるショップ＆ギャラリー、レストランにカフェ、コンビニなど多種多彩なショップが一緒に展開されています。犬を連れて散歩がてらの人もいれば、レストランに朝食を摂りに来る人、一日中コーヒーを飲みながら読書をする人もいます。みなさん思い思いに時間と空間を楽しんでいます。そこは単なる「本屋」の枠を超えた空間で、多様な店舗が同居することで集客の相乗効果を生み、時間を消費することによって売り上げを確保していく、という新しい発想の施設なのです。売り手の効率を追求した狭苦しい空間ではなく、ゆったりできる空間にゆるい時間が流れ、消費者に大人気となっています。

●PA・SA

高速道路のパーキングエリア（PA）やサービスエリア（SA）も大きく変わっています。従来は高速道路の休憩所としてトイレやレストランとその地域のお土産を少し売っている売店だけという、日本全国ほとんど同じ展開でした。PAやSAは必然的に一定の集客をできるので、可もなく不可もない程度の施設とサービス内容で十分だったのです。しかし近年、そのPA、SAが大規模な集客へ向け営業活動を強化しました。

例えば、東名高速道路の海老名SAは11年に「エクスパーサ海老名」としてリニューアルしました。エクスパーサとしては5番目ですが、東京ドームと同じ面積（4万9千平米）を持ち、地元の有名飲食店のみならず、コンビニやスーパーもあり、地域の名産物や名品を扱い、サービス関連でも銀行から郵便局、宝くじ売り場まであるのです。ツーリスト向けの仮眠スペースやシャワー室も完備しています。休憩はもちろん、目的地に設定してもらえる施設として多くのテナントを擁し、常に入れ替えも行って、消費者に飽きられない工夫をしています。家族連れは1日いても飽きないのです。全国のおいしいモノや限定品など、ここでしか買えないオリジナルな商品も販売しています。

人々はエクスパーサを単なるSAやPAではなく、わざわざ行く価値のあるSCとして見ています。ついでに行く場所ではなく、わざわざ買い物をしに行く場所なのです。

●清澄白河・入谷エリア

これらに似た動きがあります。江東区の清澄白河や台東区の入谷などの下町は、住んでいる住民よりは広域からわざわざ来る消費者をターゲットに、集客を果たしています。有名な観光地があるわけでもなく、交通の便がとりたてて良い立地でもなく、どちらかと言うと「何もない」エリアです。ニューヨークのソーホーのように、古いけれど家賃が安い倉庫や工場跡の広いスペースに芸術家が多く移り住み、それが増殖・発展して観光地と化したのと同じ現象が起こっているのです。何が人々を引き寄せているのでしょうか。

清澄白河は米国のトレンドコーヒーショップ「ブルーボトルコーヒー」の出店で耳目を

集めました。それ以前に、家賃が安いわりに都心に近く、下町で古いが情緒のある建物も多く残っていることから、クリエーターたちが大挙して進出していました。一般的にはブルーボトルの進出が「なぜ？」と疑問符で語られましたが、多くの名もなきブティックやデザイナーたちが工房とショップを構え、それらを目当てにすでに数多くの消費者がこの地を訪れるようになっていたのです。そこに目をつけたブルーボトルが進出してきた形です。消費者はこの下町に古き良き空間とゆるく流れる時間を感じ取っていたのでしょう。

入谷エリアの人気は、08年の「イリヤプラスカフェ」のオープンがきっかけとなりました。古民家空間にやはりゆっくりした時間が流れています。コーヒー1杯で何時間いてもよく、若い女性で溢れています。わざわざこのカフェにお茶を飲みに来る顧客がほとんどです。東京の下町では「谷根千（谷中・根津・千駄木）」が有名ですが、入谷でも昔からの建物に若手パティシエが経営するケーキ屋があったり、手づくりアクセサリーを販売する工房があったり、アンティーク陶器のセレクトショップがあったりと、歩くたびに新しい店を発見する楽しみがあります。何の変哲もない路地にほっとできる場所が点在しているのです。

これらエリアで行われているのは、「非日常」「わざわざ」「ゆっくり」消費と言えないでしょうか。従来の「モノを買う場所」とは異なり、「わざわざ出かけたい場所」であることは間違いありません。どの施設も簡単に集客できる立地ではなく、必要に迫られて行く場所でもありません。単に下町だからよいのか。おしゃれな山の手のアンチテーゼなのか。でも、山の手の自由が丘や吉祥寺なども依然人気のエリアです。やはり、ゆっくりと時間が流れていたり、自由な空間だったりすることが、人気の理由ではないかと思います。

●スクーリング・パッド、コミューン246、みどり荘

都心では、05年に流石創造集団が立ち上げた社会人自由大学「スクーリング・パッド」がその先駆と言えるでしょう。家具で一世を風靡（ふうび）したイデーの創業者、黒崎輝男氏（※3）が、

※3　黒崎輝男氏＝生活にデザインを取り入れた「イデー」の操業者。家具から雑貨まで、デザインに機能美を追求した物づくりの先駆者。若い世代を発掘・育成することで知られ、その交友関係は多方面にわたり、業界の大御所から学生まで分け隔てなく付き合う気さくな人間性を慕うファンがたくさんいます。建築家の隈健吾氏や際コーポレーション会長の中島武氏、幻冬舎代表の見城徹氏など、業界の風雲児との交流が数多くあります。インテリアデザイナーのフィリップ・スタルク氏やファッションデザイナーのポール・スミス氏、建築家のマーク・ニューソン氏らを日本に初めて紹介したことは有名。現在は石川県小松市の「若の里」再生プロジェクトや「青山ファーマーズマーケット」の開催など、多彩な活動を通して、デザインと文化を中心に多方面からの活動を行っています。

アートの新しい波を起こそうと、たった4人で始めた運動でした。

世田谷区の池尻大橋の廃校になった小学校に拠を構える「世田谷ものづくり学校」がその舞台です。この学校は渋谷と三軒茶屋の中間に位置する住宅街にあります。交通の便はバスが主力で、目だった施設は何もないごく一般的な住宅街です。学校を名乗りながら規則や試験もなく、自由に聞きたい講座を聞き、討論し、知識を教え合い、人間としての尊厳のみを尊重するという一風変わった学校です。教室だけでなく、自由に作品を制作できる工房を備え、その発表も勝手に行えるというのびのびとした空気が、枠にはまることに馴染まない多くの若者やクリエーターを集めました。パン職人を志望する若者が学内にパン屋を開いていたりもします。

ここにはゆるい時間とゆるい空気が流れ、自由に集まり、自由に散っていくその感覚は、それまでの施設にはなかった感覚です。ボヘミアンの聖地とでも言ったらよいでしょうか。ミクシィの笹原建治会長はここの卒業生です。この学校は各方面に大きなインパクトを与え、ジェイアール東日本都市開発の「2K540AKI-OKA」や浜野製作所の「GARAGE SUMIDA」、ファッションデザイン関連創業支援施設「台東区デザイナーズビレッジ」など、多くの施設の誕生を誘発しました。

流石創造集団はその後、代官山にシェアオフィス「みどり荘」や、青山にカフェやシェアオフィス、学びの場などを複合した「コミューン２４６」などをつくりました。どれも手づくり感満載のゆるい施設で、今の時代の空気にとても合っています。帰国子女や外国人が多く集まり、日本語よりも外国語のほうが多く聞かれるという都会の真ん中の「無国籍の田舎」の雰囲気です。ノマド（※４）の人たちにも人気です。パリのカルチェラタンの自由さと、ニューヨークのソーホーの創造性、ベルリンのミッテ地区の無国籍性などを併せ持ち、「自分らしい」生活を楽しむことが基本的な価値観となっています。このような人々が既存の価値観とは別の価値観で新しいコミューンをつくり始め、人々の共感を呼び、静かに拡大中なのです。

このような新しい価値観を持った人たちが増えているのは、消費者の生活意識の変化が大きな要因だと思われます。無印良品は時代に迎合しない企業のスタンスが消費者に支持

※４　ノマド＝nomad。「遊牧民」の意味。ＩＴを駆使して、オフィスだけでなくさまざまな場所で仕事をする、新しいワーキングスタイルを持った人たち。

され、伊勢丹は消費者が望むモノを望むように展開する小売業としての進化にチャレンジし続けている姿勢が圧倒的に支持されています。これらの企業は単に「モノを売る」ことが小売りの最優先課題ではなく、消費者の満足を満たすことを最優先し、購買は後からついてくるという意識を持っています。現在の消費者は「空間」と「時間」を消費することが主眼で、決してモノが主眼ではなくなっていることも十二分に理解しています。

消費者が「ゆるい」時間と空間を望んでいて、それを普段の生活の中に取り入れ始めているという事実は、商品自体にも「ゆるい」ことが望まれていることを意味します。「ゆるい」とは、使い方やオケージョンが決められて「こう使われるべき」「こんなことができる、あんなこともできる」と型にはめるのとは真逆の概念です。作り手と売り手にとっての「売り」はむしろ消費者の反発を招き、消費者はもっと自由に、気楽に使えるモノやコトへと向かっているのです。

時代が要請する小売業の新条件

求められるＭＤの基本要件

消費者のニーズが多様化し、マインドが多層化する中で、消費者が望むモノを揃える要諦は何でしょうか。「ストーリー性」と「連続性」を持った品揃えを行うことです。

例えば、生活雑貨でご飯茶碗を揃えるとします。「食事」を切り口にすれば当然のことながら、ご飯を食べるシーンを想定した品揃えを消費者は期待します。箸や箸置き、椀、皿などはあって当たり前で、これらを店が選んだテイストで統一感を持って展開します。椀だけを品揃えする場合は、ＭＤの切り口を明確にします。例えば「汁」を切り口にすれば、味噌や昆布だし、鰹節、鰹節削り器、塩、さらに味噌汁などのレシピ本も揃えます。お客様にとって美味しい味噌汁が作れる器具や材料、レシピがすべて揃うＭＤ展開です。

このように、消費者ニーズに応じてＭＤの方向性は変わります。しかし、方向性はどう変わろうとも、ライフスタイルを豊かにするという明確な意思を持った品揃えであることが必須で、そのうえで明確な切り口を設定することで何を提案しているのかが消費者にはっきりと分かるのです。だからこそ、ＭＤは単なる商品展示のレベルではなく、ＶＭＤやＰＰでトータルに展開され、ストーリーが読み取れるようにしなければなりません。そうなって初めて消費者は自身が求めるライフスタイルのイメージを膨らませることができ、関連商品の販売にもつながっていくのです。

しかし、このような単純かつ明快なＭＤが、意外と展開されていないケースが多いのが現状です。効率を追求するあまり、各アイテムの売れ筋しか置いていません。茶碗があっても箸がない、箸があっても箸置きがない。アイテム展開が中心で、編集がなされていないケースがほとんどです。これでは品揃えのストーリー性どころか必然性もなく、目的買い以外のお客様の購買意欲を喚起することなどあり得ません。確かに店側からすればアイテム展開は管理しやすいのですが、目的買い以外のお客様から見れば、とても商品が見づらく、探しづらいのです。

当たり前のモノが当たり前になくては、お客様は失望します。興味や目的以外のモノがいくらあっても無駄なだけです。ライフスタイル提案の神髄は、お客様の興味を喚起させることにあります。ひとたび興味が換気されると、なくてもまったく問題がない不要の用的な商品でさえ、例えば煮干し削り器などが品揃えされていれば、お客様の品揃えへの興味は大きく広がります。消費者の興味関心は、見知らぬモノの存在で増大するのです。当たり前のモノが当たり前に揃っていることはもちろん大事ですが、消費者は今まで見たことも聞いたこともない知識外にあったモノにはとても惹かれます。今、消費者に必要なのは、店からの新しい情報と商品の提案なのです。

では、リアル店舗によるネット販売のＭＤ展開はどのようにすればよいのでしょうか。

ネットは消費に時間的・空間的な広がりをもたらしましたが、圧倒的な商品量の中から選べるだけでなく、「買い方」も消費者にとって革命的でした。つまり、①圧倒的な商品量に対抗する策と、②ネットの販売手法に対抗する策が必要になるということです。

①に関しては、「リアル店舗でなければ買えない商品展開」がまず挙げられます。これは、いつの時代も、どんな競合業種・業態が出てきても有効であることは間違いありません。わざわざ出掛けて行っても欲しい商品には、「すぐに欲しい」「配送できない」などの要件があります。発売してすぐ、配送では商品が腐ってしまう（食品）、配送では儲からない（単

価が低い）など、ネットでは対応できない商品はリアル店舗の強みになります。

②に関しては、「ネットでは伝わらない環境やコーディネート」が挙げられます。ネットはカタログ式の単品紹介には適していますが、コーディネート比較や商品が展開される環境などを通じて、消費者が望むライフスタイルのイメージを膨らませることについては、まだまだリアル店舗に敵いません。そこに優秀な販売員がいればなおさらです。

リアル店舗のネット対策は、この2点を徹底して行うことが要点です。この二つを十分に展開できれば、来店する動機を十分に持ってもらうことが可能になります。しかし、大きな落とし穴もあります。リアル店舗でしか買えない商品を、どこで調達すればよいのかという問題です。海外の商材も、地方の限定品も、消費者は興味を持つはずです。しかし今や、ネットに掲載されていない商材を探すほうが難しい状況にあります。それなら、オリジナル商品やＰＢ商品を作ればよいのでしょうか。しかし、すべてがオリジナル商品では在庫負担が重荷になり、すぐに破綻（はたん）するでしょう。そもそも単品だけの商品紹介ではネットに負けてしまいます。

そう考えていくと、一部のオリジナル商品とセレクト商品のコーディネートによって、ライフスタイルニーズを喚起させることが最善の方法になります。消費者はコーディネートが気に入れば、似たような商品では満足せず、そのコーディネートを作っている商品自体が欲しくなるのです。ただ、コーディネート提案は、小規模の展開では消費者の理解を得る以前に、気づいてもらえません。ネットの画面の狭い空間ではなく、リアル店舗のゾーン全体やフロア全体で総合展開することが、ネットに対抗できる大きな手段となります。

そのためには、売り場空間の環境づくりが大切になります。単に豪華にすればよいのではありません。ネットの画面上では表現できない、想像が膨らむ空気感を生み出す工夫が求められます。提案するライフスタイルのイメージに合った商品と心地良い環境が、消費者自身のライフスタイルの向上への期待感を膨らませるのです。さらに対面接客がネットとの差別化の要になってきます。これについては後で詳しく述べます。

ライフスタイル型ＭＤの売り場展開方法

どんなライフスタイルを提案しているのかを明確かつ単純に消費者に分かってもらうためには、ＭＤの「編集」が必須です。このＭＤを可視化する方法としてＶＭＤやＤＰは有効な手段となります。これまでのＤＰは小規模で展開されてきましたが、ライフスタイル型ＭＤにおいては売り場のすべてをＤＰにするぐらいの展開でないと、今の消費者は足を止めてくれません。売り場全体のＤＰ化が、今の時代のニーズなのです。中途半端な売り場の大きさや品揃えでネットを使えない高年齢層のみの支持を得るのではなく、地域一番店規模の大型売り場にブランドをフルラインで展開し、そのライフスタイル観を隈なく見て、触れて、満足してもらえることが重要なのです。

リアル店舗の良さは、ネットで画面をスクロールして商品を見るのとは違って、売り場に立った時に圧倒される商品量を展開できることにあります。それだけで消費者の購買意欲は刺激されます。普段は見たこともない商品を、その場で必ず発見できるのですから。そのためにも、地域一番の規模を持った展開が前提となるのです。これができれば、周辺の競合店の顧客までも奪取でき、結果的に売り上げの増加に貢献することになるのです。またブランドにとっても、複数の低効率の店舗やブティックを展開するより遥かに効率が良く、売り上げも増え、顧客の厚い支持と新規顧客の増加が見込めます。大きな店舗面積は「力」なのです。

専門店は百貨店の面積効率主義の限界を知っているので、ブランドコンセプトを確実に伝えるために一定の大きさを持つ店舗を展開しています。サザビーの「ラ・カグ」（※5）などは象徴的です。ライフスタイルを提案できる大きなVPスペースと、ゆったりとして居心地の良い大きな試着室を備え、ブランドのフルラインを展開するのに十分な面積でMDを展開しています。百貨店の売り場の数倍から10倍近い規模の店舗を次々と開発しています。ブランドが主張するコンセプトを消費者に分かりやすく伝え、共鳴してもらうためには、それぐらいの規模展開が不可欠になるのです。

しかし、単一ブランドのフルライン展開だけでは十分とは言えません。消費者ニーズに対応するためには、衣食住全般にわたる提案が不可欠です。ブランドと同じ目線で揃えられた生活雑貨や軽食も摂れるカフェはもちろん、さらに朝から晩まで、平日から休日まで、スポーツなど趣味全般等々、生活全般にわたるイベントを開催するスペースも揃えること

※5　サザビーの「ラ・カグ」＝神楽坂に出店した「ラ・カグ」は、展開面積の4分の1が婦人服・雑貨、4分の1が紳士服・雑貨、4分の1がカフェ、4分の1がイベント・生活雑貨の構成。四つのアイテムを同等に展開しています。平日もわざわざ来店する人で賑わい、お客様はファッションを見て、お茶を飲み、神楽坂へと繰り出して街歩きを楽しんでいます。このショップではバイヤーではなく、四つのコーナーを4人の「キュレーター」がプロデュースしています。

で、より具体的にライフスタイルをイメージさせることができるのです。

また、集客のためには商品だけではなく、ハードとソフトの開発もとても重要です。百貨店や駅ビルなどの大型商業施設では、売り上げ獲得のための商品群はもちろんのこと、集客のための環境・施設やサービス施設の完備が絶対条件となっています。大型の託児所や小児科の病院、各種スクールなどは今後、なくてはならない機能です。各アイテムの修理専門店も必要でしょう。大量生産・大量販売のアンチテーゼとして「モノを大切に」は外せないキーワードだからです。売りっぱなしではなく、きちんと修理をすることまでフォローできることが大事なのです。

これだけのMDを展開するには、200〜400坪ぐらいの面積が必要になります。ただし、大きな売り場をつくるだけでは、現在のGMSと何ら変わりません。砂漠が100坪でも200坪でもまったく変わり映えがしないのと同じです。具体的には、発信する情報がビジュアルとして分かるVMDや総合DPなどが重要になります。しかし、明確なコンセプトなしで展開すると満艦飾的な装飾になってしまうのがオチで、観光地の土産物屋と同然になってしまう危険性があります。やはり、プロのマーチャンダイザーやプロデューサー、デコレーターを起用するのが適切です。そこまではできないとしても、彼らからの明確な展開指示書がなければ難しいでしょう。

このぐらいの規模になると、52週の展開をきちんと行うことも大変重要です。これができていないと、「いつ行っても同じ売り場」と見られ、消費者は次第に飽きてしまう可能性が高まります。「売り場を回せない」と言われる現象です。最初に「素敵だな」と感じた店がいつの間にかなくなってしまう原因は、これです。力量のあるマーチャンダイザーがおらず、現場の店長任せや販売員の好き嫌いによるディスプレーを許すと、往々にして起こってしまう結果なのです。メーカーが展開する店舗がしばしば陥る罠でもあります。最初だけ品揃えができても、「運営」できないのです。百貨店の実力も同じぐらいか、もう少し悪いかもしれないのが現状でしょう。

ライフスタイルを提案する大型売り場は早急に開発されなければなりません。百貨店や大手総合スーパーを支えてきた大手メーカーは、これ以上の売り上げの低下と派遣販売員の人件費負担に耐えられないほど利益が低下しているからです。売り上げの30％以上も利益を取られるより、もっと安い賃料で集客力もある駅ビルや、都心の一等地で再開発された大型商業施設に出店したほうが売上高も利益額も多く、ブランドイメージも良いのです。

それゆえ、大手メーカーは百貨店へのこれ以上の出店は望まず、不採算店の撤退をまさに今、具体的にスケジュール化しようとしているところなのです。

都心で苦戦している大型商業施設のほとんどは、中途半端な規模で、コンセプトが不明確で、ファッションブランドを羅列するだけの旧式なＭＤ展開となっており、時代遅れになっています。低価格帯なら売れるだろうと安易に若者寄りの安いブランドを集積したファッションビルも同様です。銀座でさえそのような大型商業施設（ほとんどが百貨店系列）が存在し、淘汰されるのは時間の問題と思います。

大手有力メーカーはすでにこの事実を理解し、百貨店や大手総合スーパーの力を借りず、自主的に自社ブランド展開へと踏み出しています。これまでも提携したり所有する海外ラグジュアリーブランドを路面などに展開したりする例はありましたが、いよいよ自社ブランドを総合的に組み合わせたライフスタイル提案型ＭＤを軸として、いくつかのブランドミックスを行い、展開を始めています。

このような展開は少し前では考えられず、規模的にも売り上げ的にも競合するので百貨店は許さなかったであろうと思われます。同社の決断は時代を感じさせる、至極当然のことです。現在のような百貨店での展開を続けていては、明日はないのですから。百貨店や大手総合スーパーはこの時代の流れをもっともっと真剣に捉え、早急に対応策を検討・実施すべきです。

「何を買う」から「どこで買う」、そして「誰から買う」へ

百貨店の存在意義の一つに「対面接客」がありました。低価格の薄利でも利益が取れるように、後方部門から売り場まで徹底した効率化を追求するＧＭＳや食品スーパーとの最大の相違点でもあります。一人の顧客に、商品の良し悪しや商品に関する蘊蓄（うんちく）などを、じっくりと時間をかけて説明して販売してきました。それだけ商品に自信を持ち、利益率の良い高額商品を販売することができたのです。

ところが近年、「質」の追求より「量」の追求へと転換してしまいました。専門店の隆盛やディスカウント店によるアイテムの奪取、家電量販の総合ＭＤ化、そしてネットによる販売革命などにより、顧客の争奪が激化したせいです。百貨店はそれら競合との熾烈な顧客獲得競争に本来の強みを自ら捨て去り、競合が得意とするフィールドで戦うようになりました。価格競争です。「数」を売ることの意味を十分に理解せず、単純な売り上げ向上の

みを求めて、決して得意ではない大量販売の道を選んでしまったのです。

小売業ですから一定の量を販売することは当たり前ですが、大量生産・大量販売のボリューム品のみを販売して生き長らえることは百貨店の本筋ではありません。高度成長期に限らず、百貨店は大衆を相手に伸びてきた業態ですが、決して安売り店ではありませんでした。消費文化向上の立役者として、時代も、消費者もリードしてきたはずなのに、どうしてしまったのでしょう。安易な方向に向かったのです。

利益確保のために「効率経営」が叫ばれ、流通革命と称する人件費削減やリスクヘッジ目的の消化仕入れへの仕入れ形態の変更が、怒涛のように行われました。自社社員は削減され、販売は完全にメーカーの派遣販売員化され、誰でも販売できる一般品が売り場を占領し、接客が重要なラグジュアリーブランドは百貨店の顧客リストを持って路面店に鞍替(くらが)えを始め、売り上げの大半を百貨店から持ち去りました。

現在の消費者にとって、百貨店でしか買えない欲しいモノはなくなりました。百貨店から新しい商品やトレンドを伝える情報の発信もなくなり、わざわざ来店する意味はどんどんと少なくなっていきました。新しい売り場開発もないので、新しい顧客も増えないのは当たり前のことです。リニューアルではないリフォームに大枚をはたいても、消費者は戻ってきません。

そして、ネットが勃興しました。消費者の大きな関心事だった「何を買うか」や「どこで買うか」は、過去のものとなってしまったのです。今、消費者の関心事で百貨店がネットを唯一凌駕(りょうが)できるのは、「誰から買うか」です。どんなに逆立ちをしてもネットが百貨店を超えられない要素は、「生の販売員による接客」なのです。

百貨店が取り組むべき最優先課題の一つが「販売員の強化」であることは間違いありません。成熟社会の消費者は、販売員に頼らず、自ら望む商品をしっかりと理解していて、自分で自由に購入すると予見されていましたが、半分は当たり、半分は外れました。ネットでは確かに自ら商品を検索して購入しています。しかし、時間消費・空間消費が重視される今、売り場の環境と販売員による接客は、ネットの利便性以上に購買の重要な要素となっています。単なる製品知識ではなく、ライフスタイル知識とでも言うのでしょうか、その商品をどのように自分のライフスタイルで活用できるのか、または活用することによって自分のライフスタイルはどれだけ豊かになるのか、このようなニーズに応えられる販売員の広くて深い知識と経験が購買の決め手となるからです。

消費者は、単なるコーディネートの知識や製品情報ではない、豊富な知恵を欲しているのです。今年の流行情報から人気のレストラン情報、旅行では温泉情報から絶景情報、話題のエリアの店舗情報から映画情報まで、生活を豊かにするありとあらゆる情報の中に消費者の興味関心事は存在します。これらを提供できて初めて、消費者は販売員との会話を楽しみ、顧客として扱われる特別感を楽しみ、その時の内容から自分にとってのヒット情報をインプットします。そしてお得意様になるのです。

「自分のことを理解してくれている」販売員がいることは、「何かないかなあ」と遊びに来る顧客にとって来店の最大のカギになります。何を、どこで、誰から買っても同じ商品を扱っていたとしても、顧客がわざわざ店に来るのは、楽しいおしゃべりだけでなく、「プライベートコーディネーター」となってくれるお馴染みの販売員に会うことが目的だからです。その販売員が楽しくおしゃべりしてくれたお礼に「何か買う」のです。短い時間で買い物をするだけなら、わざわざ来店する必要はまったくありません。わざわざ来店する意味を、小売業はもっと理解するべきです。

かつては百貨店も販売員の重要性を認識していた時代がありました。販売技術を競うロールプレイングの大会を頻繁に開いたものでした。現在はファッションビルや駅ビルなどが熱心に取り組んでいます。隣り同士がライバルのテナントビルでは、販売員の技量が即、売り上げにつながることを理解しているからです。しかし、百貨店の販売員に今求められているのは、従来の販売テクニックやマニュアル化による初心者向け販売ノウハウではありません。「顧客の固定化」こそが、百貨店の販売員に求められていることなのです。そのためには、員数合わせの如く立っているだけで留守番しかできない販売員は要りません。正社員なのか派遣販売員なのかの区別も、消費者にとっては関係ありません。確実なプロの販売員が求められているだけなのです。

残念なことに、小売業界では、正式に人間工学や心理学を学んだ販売員は極端に少ないのが現状です。大半の企業が販売員教育に重きをおかないどころか、セルフ販売に積極的だったからです。昔のプロ販売員は特段の教育など受けなくても、先輩の背中を見て、自然に接客の心理や技法を学んでいったものでした。しかし年々、教えてくれる先輩は減り、会社も販売より管理に主眼をおくよう指導するようになりました。その結果、マニュアルによる接客テクニックだけが残されました。「いらっしゃいませ」を仰角45度のお辞儀で、口元には微笑みを、服装は個性を出さず顧客より地味に。こんなことでは、消費者は販売員に何の期待もできなくなってしまいます。消費者のほうがセンスがあり、情報も持っていて、ライフスタイルを思い描けるようでは、販売員は失業してしまいます。

販売員の研修というと、しばしば航空会社のキャビンアテンダントを講師に招いたりしていますが、その道ではプロでも販売を経験したことのない人に何を学ぶというのでしょうか。それよりも、消費者が望むライフスタイルに関する情報やライフスタイルを豊かにする商品知識を、科学的に、理論的に、合理的に、販売員に教育したほうが理に適っています。しかし、この肝心なことに気づいている百貨店は残念ですがありません。

経費節減は企業の本来業務ですから当然としても、命綱とも言える販売員の削減は致命傷になります。もし販売員を削減した売り場展開を図るなら、ＭＤ展開も徹底して変更しなければ意味がありません。大型低価格戦略ショップのように徹底した「省人手」による業態か、販売員が存在しないディベロッパーになるかしかありません。それら以外の道を行くのなら、徹底したコンサルティングセールスに戻るべきです。これは百貨店が変えなくてはいけないことと、変えてはいけないことのうちで、変えてはいけない最高の事柄の一つではないでしょうか。

現状打破のために飽くなき模索を行っている一部の企業もありますが、ほとんどの企業は打つ手もなく、相変わらず人件費削減だけが唯一無二の方策であるかのように繰り返しています。根本的な対策には着手していません。社員に教育を施し、適材適所に再配置して戦力化することもなく、ただ削減するだけでは、社員は長年尽くしてきた会社に対して何を感じるでしょうか。報われない、と感じるはずです。

利益を支える科学的販売ルール

百貨店では、商品を定価で販売した後に、年2回（夏・冬）のバーゲンセールで販売し、その後は返品ないしは商品入れ替えをするのが、通常の流れになっています。しかし、多様化・多層化した消費者は、従来のようなバーゲン期を待って買うという行動パターンを採りません。欲しいモノは定価でも買うし、欲しくないモノはバーゲンでも買いません。定価とバーゲンしかない販売ルールでの対応は今から数十年前に作られた仕組みで、現代の消費者の購入パターンとは大きくズレてしまっています。

ネット上には普段から複数の価格が存在し、消費者のたくさんある購入動機や目的に対応できますが、リアル店舗ではこのような対応がまったくなされていないのが現状です。一時は春や秋のバーゲンにチャレンジした百貨店もありましたが、現在はまったく影を潜めています。なぜなら、消費者は単にバーゲンの回数を増やしてほしいのではないからです。消費者が望んでいるのは購入のための商品情報、あるいは購入するための言い訳、もしくは購入するシチュエーションの新しい設定です。さらに言えば、「特別扱い」と言うべきサービスを望んでいるのです。一般では受けることのできない、選ばれた顧客だけが得られる特別感です。ある時はお買い得感であったり、先行販売であったり、限定品販売や特招会であったりします。

現在、バーゲンに代わる有効手段としては、「ささやきセール」があります。通常のバーゲンに先駆けて購買履歴のある顧客のみに知らされるセールです。定価販売とささやきセールで売り場に常備している商品の4割が売れると言われています。バーゲンでは1～2割が売れれば御の字で、その後の処分は天任せとなります。

買い取り商品を増やすとなれば、店頭以外の販売機会を新たに設けるか、その販売機会も含めて当初から販売計画を設定する必要があります。現在のように前年ベースの売り上げ計画しかないと、売れるも八卦、売れないも八卦で、「売れる」ことが前提となっていて「売る」という主体的行為とはまったく別物になってしまうからです。科学的な数字を伴って販売計画が策定されれば、予定通りに売れなかった場合に対策を検討しやすいのですが、

閑話休題 10

「ささやきセール」は何をささやく？

バーゲン開始前に各ブランドがお得意様だけをこっそり招待し、バーゲン価格で店頭商品を販売することを「ささやきセール」と言います。一部のブランドが 10 年ほど前から始めたのですが、現在では公然の秘密で、お得意様は混雑しないうちに他のお客様より先に商品を購入できるメリットがあります。お得意客感があり効果が大きいセール。

期を通しての売り上げ計画しかない現状では最後のバーゲンに神頼みするしか手はありません。それでは消費者対応が後手に回ってしまい、結局は「売れなかったね」ということになってしまいます。

このようなことを避け、消費者ニーズに対応していくためには、次のような販売機会計画を立てます。まず先行販売会を開催し、次に常備売り場展開、得意客を招待するファッションショーや各種イベント、外商特招会、さらに次に外商セール、得意客セールを開き、その後に一般顧客向けのささやきセール、社員販売会、一般バーゲン、最後にアウトレット販売を行うという流れです。

海外の百貨店では、例えば先行販売会で投入総数の10％を販売（定価）、常備販売で30％（定価）、イベントで5％（15％オフ）、外商特招会で5％（30％

オフ）、得意客クローズセールで10％（30％オフ）、一般ささやきセールで15％（30％オフ）、社員販売会で5％（40％オフ）、一般バーゲンで10％（50％オフ）、アウトレット販売で5％（70％オフ）といった計画を立てます。当初の仕入れ原価を40％とすると、最終利益率は約35％を取れる計算になります。この計画より早めに売れれば利益率は上がり、遅くなれば早めの計画修正によって30％は取れるように組み直すことができます。

完全買い取りが主流の海外百貨店では当たり前の計画です。消化仕入れの日本では、現在では難しいでしょうが、取引先とよりコミュニケーションを持って構築していく必要があります。

売れなかった場合は、慌ててネットに載せてはいけません。また値下げのタイミングも慎重に判断する必要があります。定価で購入した顧客をがっかりさせないためです。ラグジュアリーブランドではバーゲンはせず、アウトレットにも翌年以降に出品するといったルールがあります。バーゲンは社員販売会のみで、一般には「まったくセールしない」と謳（うた）っているブランドさえあります。

百貨店には、ＰＢや買い取り商品をすぐに値下げして売ろうとする悪い癖があります。もともと買い取りをするだけの目利きがないのと、販売する場所がなく、販売する自社社員もいないため、販売力がなく、商品知識も乏しく、商品イメージやターゲット像とはほど遠いマネキン販売員が売るケースが多いため、どうしても販売に無理が生じてしまうのです。結果、バイヤーは処分ばかりを気にかけ、利益のことは二の次になり、買い取り商品は売れないと誰もが思ってしまうのです。

しかし、科学的な販売計画と有力な販売員が揃えば、今よりもっと売れるようになるはずですし、売れるようにしなければならないのです。入店客数の大幅増加が見込めない現状では、客単価や販売点数を増やすこと、利益率の良い商品を率先して販売すること、そして商品の販売消化率を高めることでしか、利益を確保することはできません。効率化を図れる計画販売化を推進するしか残された道はありません。人件費削減ばかりする縮小均衡ではなく、利益額を増やす拡大均衡を模索するべきなのです。それができなければ、MD本部の存在意義はありません。

買い取り商品以外では消化仕入れや委託仕入れが99％近い現状では、細かい販売計画など必要なく、少しの利益を積み上げるより消化値入率を引き上げるという、安易で簡単かつ確実に利益が出る禁じ手を使うバイヤーが多々見られます。一部の大手小売業では、売り上げ保証付き（利益額保証付き）委託仕入れもあると聞いています。これらは百貨店の横暴な強権以外の何物でもないと思います。それではいけません。メーカーと百貨店は共存共栄であるべきなのです。

顧客の新しい活用法～オープン&クローズ戦略

大手小売業は、顧客を「商品を販売する対象」としか見てきませんでした。「高収入」「有職女性」などの分類こそすれ、百貨店や大手総合スーパーはその顧客を維持することがどれほどのことなのか、真の価値を理解していないのです。

通販では、現在は個人情報なので当然無理ですが、かつてはカタログ配布先を増やすために顧客名簿を名簿屋から買っていました。名簿屋は学校の卒業名簿や趣味団体の会員名簿、会社の社員名簿など、あらゆる種類の名簿を販売していました。そこで買った名簿をもとにカタログを送り、購入実績ができたら顧客に取り込むという方法が主力でした。顧客名簿こそが売り上げの源で、どれだけの名簿数を持っているかが売り上げに直結していたのです。そのため血眼になって顧客名簿の獲得に奔走しました。

しかし、名簿はやはり売り上げ獲得のためのものでしかなく、それ以外の活用策など考えもしませんでした。とは言っても、顧客数は実は大きな「力」なのです。自社がモノを売り込むこと以外にも、現在は大きな利益を生む方法があります。自社で集めた顧客を他社に利用させるという逆転の発想ですが、ネット業界で始まり、今では当たり前になっています。

自社サイトに他社の広告媒体を掲載し、自社ソフトを使用する顧客に対して宣伝させるという方法です。以前はあり得なかったことですが、直接的な競合相手以外であれば問題はありません。問題は、企業が自社の顧客をそのように利用させることに抵抗感ないしは倫理的な引け目を感じるか否かという一点のみです。確かに高島屋の歳暮カタログサイトに三越伊勢丹のカタログ広告を載せたら問題ですが、ドコモの宣伝を掲載しても何ら問題はありません。外商カタログにダイナースの宣伝を載せるのも同様です。商品自体でも同じです。高島屋で販売していようといまいと、他社に宣伝費をもらって載せるだけの話です。

ここで重要なのは、顧客をどのようにセグメントするか、という方法論のみです。この方法がネット業界では進化しています。ブロガーを集め、ネット上の自社ページに対する評判や口コミを分析するのです。１人で数百人から数千人までフォロワーを抱えるブロガーに商品情報を提供し、フォロワーに意見を聞いてもらうのです。マーケティング手法としては一般化していて、効果的かつ即効的に結果を出すことができます。

　このような「オープン＆クローズ戦略」は、日本では馴染みが薄いですが、海外では当たり前に取り組まれています。これまでのように何でも自前で子会社とだけ協力していくやり方は今、世界では通用しません。百貨店が保有する顧客名簿は宝の山で、まさにオープン＆クローズ戦略に有効な知財です。

　百貨店は現在、顧客の購買履歴や属性などかなりのデータを持っていますが、問題はその活用の仕方です。住所や電話番号が分かっていても、今、顧客に対してのアプローチにはほとんど価値がありません。消費者は週平均６・３通のＤＭを受け取っていますが、開封率は約60％と約半数は見ていないのです（※６）。現在ある顧客データに加えて、メールアドレスを最優先で獲得する必要があります。

　メールは１００％受信されますが、社会通念上の反社会的・犯罪的・猥褻的ワードが含まれている文書は自動的に迷惑メールに分類されるようシステム化されています。ジャンクメールとして大量の出処不明や迷惑メールが処分されています。一方、興味のある単語や過去に検索したワードが含まれていれば、開封率は90％以上になります。それならば、百貨店や大型総合スーパーはただ来店顧客を流れるままにせず、一人でも多くの顧客名簿（アドレス）を獲得する努力をすべきです。店頭でのキャンペーンや購買時に手書きでアドレスを書いてもらうのではなく、もっとスマートで簡便になるソフトを開発すべきです。

消費者は手間のかかる煩わしさと個人情報の提供に大変敏感で、自然と拒否反応を示します。しかし、自分にとって大きなメリットがあると思えれば、進んでアドレスを提示します。筆者の経験上、商品購入時にポイントの案内やささやきセールの案内をメールで送信すると伝えることが、お客様に納得かつ安心して教えてもらえる最善の方法です。その際、紙に書いてもらうのは不安材料になるので、専用ＰＣにその場で登録するか、お客様から空メールを送信してもらってアドレスを保存する方法が現在はベストでしょう。

大手小売業でもファッションビルや駅ビルなどのようなテナントビルでは、顧客名簿はすべてテナントに属すのが一般的です。稼働率の高い顧客リストを独自に持っているのはルミネと丸井ぐらいでしょう。ルミネはルミネカードの発行によって独自の顧客リストを

※６　ＤＭ調査結果＝一般社団法人日本ダイレクトメール協会による２０１３年度調査（２０１４・６バージョン）より。

保持し、強力な販促手段として活用しています。カードの発行枚数は優に100万枚を超え、実質稼働数は90万人を超えているとされます。これだけ多くの有効顧客リストは他社も涎が出るほど欲しいはずですが、アドレスの有効活用はなされていません。丸井のエポスカードも568万枚（14年9月現在）と群を抜く発行枚数ですが、これも同様です。

確かに個人情報を第三者に利用させることは情報提供者にその旨の告知や事前確認が法律で定められていますが、やり方はあると思うのです。15年9月に個人情報保護法が改正され、さらに可能性は広がりました。ＩＴ社会の活性化へ向け、ビッグデータや個人情報を公正かつ効果的に活用することが促されています。顧客名簿は百貨店や大型総合スーパーの「資産」という認識を、今後はもっともっと持つべきだと思います。

顧客の維持のあり方も時代の変化とともに変わるべきです。データ保存は当然として、常に顧客を活性化させておくためには、情報提供やポイント付与だけでは十分ではありません。一方的なメール送信や来店ポイントだけでは、消費者が求めている根源的な欲求を満たせません。何が必要なのでしょうか。

今の消費者は自分にとって必要なモノやコト、興味のあるモノやコトを自覚していて、それらに関する情報には敏感です。そこにはまる情報を、もっと積極的に発信することが

閑話休題 11

オープン＆クローズ戦略って何？

特許や顧客名簿等の知的財産権を駆使し、自社に最も有利な事業を築く営業戦略の一つ。オープン戦略では知財を無償・安価で他社に開放し、市場拡大を狙うクローズ戦略では知財を独占したり、高い値段で他社に供与したりして大きな利益を目指します。この二つの戦略を巧妙に組み合わせることがオープン＆クローズ戦略です。先駆けとなった米インテルは、1990 年代半ばにパソコンのマザーボード技術を台湾企業に供与して市場を拡大しました。その一方でCPU の技術を独占し、膨大な利益を得たのです。

求められます。時間消費や空間消費を望んでいるのですから、その時間や空間を提供すべきでしょう。例えば、きものが売れないのは着用シーンが減っているからで、日本でパーティードレスが売れないのはパーティーが少ないからです。「生活における必然」が必要なのです。消費者が望む空間や時間の提供とは、消費者が望むライフスタイルの提案そのものなのです。

ファッションを売りたければ、そのファッションを着て楽しむライフスタイルの提案が必要になります。それがなければ消費者はイメージが湧かず、モノの購入には結びつきません。雑貨を売りたければ、その雑貨を使うシーンなりイメージを提示する。自分の生活の中でそのモノを使うイメージが湧くか否かが購買に強く影響し、店ごとの大きな差になっていくのです。

　これからの顧客政策には、顧客の獲得と維持と活用の三位一体が求められます。現場任せではなく、企業としての戦略的な政策の発案が待たれるところです。しかし残念ながら、顧客戦略を明確に持ち、「獲得→維持→活用」のサイクルを実行している大手小売業は見当たりません。来店して「目の前にいる」顧客しか見えていないからです。膨大な顧客リストを保持していても、有効な手段で活用しなければ意味がありません。

　ネット業界は顧客リストが生命線ということを理解しており、その獲得・維持・活用方法を日々模索しています。日進日歩と言えるほどの速いスピードで進化を続け、その手法とノウハウは大手小売業が追いつけないどころか、真似すらできないほど差が開いてしまいました。大手小売業はもっと真剣にネット事業と向き合い、研究し、投資をすべきです。

第四の流通革命、その時、百貨店は

消費者の多様化・多層化したニーズに対応し生き残るためには、小売業のあり方も大きく変革せざるを得ません。かつて日本の小売業態に劇的な変化をもたらした百貨店やコンビニエンスストアなどは、その発祥国を凌駕するほどの発展を遂げ、消費者の生活になくてはならない存在となりました。生活様式・文化さえ変えてしまうほどのインパクトを持っていたのです。

百貨店の創成期には、百貨店でしか手に入らない舶来品を紹介したり、地元でしか買えなかった銘品を集積したり、消費者が映画や雑誌でしか見たことがなかった商品を実際に買えるようにしました。百貨店は「品揃え革命」を起こしたのです。

総合スーパーは、見るだけでなかなか手が出せなかった商品を、大量生産による「低価格」という戦略で大量販売し、一般消費者の生活を計り知れないほど豊かに改善しました。総合スーパーは「価格革命」を起こしたのです。

日本のコンビニはセブン‐イレブンに始まりましたが、弁当をはじめ、飲料水や雑誌、文具や化粧品まで、身の回りの実用品の品揃えを徹底しました。消費者の身近な生活に「便利」を提供したのです。コンビニは文字通り、「利便性革命」を起こしました。

そして今、まさに進行中なのが第四革命です。時間と空間を超越した消費が行える「ネット革命」が起こっています。消費者はネットを使って自由に、24時間、どこからでも、どんな商品でも手に入れることができます。しかしこの革命はいまだ進行中で、完成していませんん。ネットの急速な技術進歩をどのように活用したらよいのか、ソフトが追いついておらず、まだ無限の可能性が残されているのです。

例えば、健康関連や趣味関連の商品はアイテムが多く、初級レベルや初心者はネットで下調べをして、リアル店舗で販売員に相談して情報を得てから購入するケースが多いとされます。ネットでの購入は、消費者がそのアイテムに十分慣れてからというケースが多いそうです。使い方や注意事項などの情報を得てからでないと、自分に合うか否かの判断が難しいからでしょう。知識が十分にあればネットで商品を購入することは簡単ですが、取り扱いが複雑な商品だったり、使用するシーンに関する生の情報が必要だったりする時は、どうしても販売員の力が必要になるのです。

これは健康関連や趣味関連に限ったことではありません。消費者はすべてを自己判断して消費を行っているわけではないのです。他人から推薦されたり、他人に確認したりして、「納得」しなければ買いません。これは消費者心理として当たり前のことでしょう。それゆえネット事業においては、リアル店舗をどう活用し、連動するのかを速くノウハウ化した企業が勝ち残れるのです。ネットは技術が革新されるほどリアル店舗という実空間と連動した活用方法が重要になり、リアル店舗は商品を並べるだけでなく、販売員を通してネットでは得られない商品の体感を提供することが重要になります。

また、この第四革命における百貨店の位置づけで、根本から考え直さなければならないことがあります。百貨店業界は戦後70年にわたって、マニュファクチャー的商品群からマーケティング的商品群まで扱ってきましたが、大量生産・大量販売向けの商品の比重が年々大きくなっていきました。しかし、ネットと連動する時代には、わざわざ実空間で買い物をする意味合いが求められます。ネットで買える商品をリアル店舗で販売しても意味はなく、実際に試せるとか、対面接客で丁寧に詳しく商品説明をしてもらえるなどの付加価値が、当然のこととして必要になってきます。

その中で最も重要なのは、接客を受けて買うということが「贅沢感」につながらなければいけないという点です。セルフ販売のネットとは違う接客という付加価値は、高級品を販売していかなければコストが合いません。それゆえ、百貨店はマス相手ではなく、多様化・多層化した消費者ニーズの中の高額品ニーズに焦点を合わせなければならないのです。極端な高級品というよりは、高級専門店の品揃えの拡大版が求められるということです。百貨店はその立地条件の良さや規模の大きさから、ほとんどのメーカーと取引できるはずです。仕入れ条件の差こそあれ、きちんと品揃え計画がなされ、時代のニーズに対応できる編集型ＭＤが組まれていれば、取引を断るメーカーはなくなるはずです。そのためには、百貨店にはＭＤの根本から変える勇気が求められます。

今まで通りのマス対応の業態やＭＤの開発、売り場展開、消化仕入れの場所貸し化を変えなければ、第四革命に生き残ることは今度こそできなくなるでしょう。時空間を超える時代に、リアル店舗の存在意義を「対面接客」と「体験空間」に求めるには、外国人販売員や販売員インセンティブ制度の導入は当たり前で、イベントの開催やライフスタイル提案型ＭＤの展開、「個」対応型の販売を指向すべきです。

百貨店はポイントアップやバーゲンで集客を図るのではなく、真に消費者ニーズに対応することによって、活路を見出すべきです。ネット販売が隆盛するほどリアル店舗の存在意義は高まり、その存在意義にこそ大きな価値が見出されるはずです。しかし、何度も言いますが、そのためには百貨店が自ら変わることが最低条件なのです。

第5章　世界を相手にする小売業

～持つべき視点と機能

百貨店よ、反撃の狼煙を上げろ

これからの百貨店の役割

ここまで、百貨店凋落の原因は「消費者のライフスタイルとニーズの変化」と「ネットによる購買環境の変化」に気づかず、戦後70年の業界体制そのものが機能不全を起こし、時代の変化に着いていけていないこと、と説いてきました。

消費者の消費に対する考え方のスケール感を持った多様化と多層化による大衆の消滅、メーカー・問屋・百貨店の機能分担の変化、百貨店の消化仕入れの常態化によって、仕入れ能力の深刻な低下や競合他店との同質化、安易なポイント制度導入による顧客の買い渋り、ネットに対する認識不足と対応力の欠如などが起こりました。その結果、百貨店は業績回復の目途どころか、業態として存亡の瀬戸際まで追い詰められています。

新しいＭＤの構築や自主商品・自主売り場の開発がないわけではありませんが、その規模や開発のスピードは、消費維新の大きな流れを変えるだけの力になり得ません。従来の発想からのＭＤ展開では、基本的に消費者の関心を得ることはできないからです。

百貨店をもう一度、人々が集う場所にするためには、今、消費者は何を望んでいるのか、百貨店に何を期待しているのかを徹底して分析し、その具体的対策を打ち出すことが求められます。「今年の夏物は売れなかった、どうしよう」というレベルの話ではないのです。にもかかわらず、効果が望めない安易な人件費・宣伝費の削減しか策がなく、現在の凋落原因をしっかりと総括・究明し、対策を採ろうとする動きが一部を除いてほとんど見られません。寂しい限りです。

では、百貨店はこれから、どうすればよいのでしょう。

●改めてポジションを明確に

まずは、現在の消費者を徹底して分析することです、今後10年の消費者心理の変化予想やネット拡大に伴う購買手法の変化予測を立て、消費者がどう変わっていくのかを的確に捉える必要があります。その消費者ニーズから、百貨店は何を求められ、何ができるのかを徹底して研究すべきです。求められているのは、Ａブランドを入れるか、Ｂブランドを入れるかといった戦術ではありません。ＭＤ戦略、展開戦略、売り場開発戦略、販売戦略、来店促進戦略、ソフト開発戦略、さらには新規出店戦略、新規事業戦略など、数えきれないほど多角度から現在の業務全体の見直しと再構築が必要とされているのです。消費者ニーズを確実に把握し、リードするための、時代に合った、あるいは時代の先を行く、あらゆる戦略が求められているのが今なのです。

これらの戦略は、机上の空論を立てるのが得意な企画屋に任せるのではなく、全社員が危機感を持って参画し、徹底した討論のもとに組み立てられるべきでしょう。さらには、取引先も巻き込んで、百貨店の駄目なところを洗い出すのです。いかに取引先の人たち、とりわけ派遣社員が気持ち良く働ける環境をつくれるかは、戦略の成否を分けるカギになります。

また、業態の一部修正も視野に入れ、他業態を研究すべきです。ディベロッパーや専門大店、セレクトショップや専門店などあらゆる業態を研究し、消費者に響くソフトとハードを取り入れる工夫が必要です。ハード面でも、公共施設としての百貨店に欠けている機能はたくさんありそうです。ソフト面では、時代性を特に考慮したサービスが必要でしょう。

旧顧客を維持するだけでなく、新規顧客を大量に獲得するためには地域で唯一無二、しかも話題が取れて誰もが望む新しいサービスが常に求められるからです。有料から無料への移行は当たり前、会員限定や地域限定などサービスはいくらあってもかまいません。

以上の取り組みよって、自社のポジショニング、つまりどの顧客層に狙いを絞った、あるいはどの用途に向けた対応に絞った百貨店にするのかを明確にするのです。これまでの「誰でも」「どんなニーズにも」という広くて浅く、結局はどのニーズにも対応できていない従来型とはまったく別の百貨店を創造するということです。年齢別や収入別のターゲットではなく、ライフスタイル別とも呼ぶべき新しいターゲットへ向けた新しい切り口の百貨店を目指すべきです。このような新しい顧客層の括り方を研究して初めて、新しいＭＤを展開し、提案できるのです。

●百貨店が核となった地域再生

百貨店には追い風も吹いています。中国人を中心とした爆買いは終焉したと言われますが、高級・高額品へのニーズが一服しただけで、ドラッグストアの商品群や化粧品など消耗品は依然、強い人気を誇っています。海外からの旅行客は毎年増え続けているのですから、早々と「百貨店にはもう来ない、来ても買わない」などと思い込んではいけません。

百貨店は時間を気にする旅行客にとって、ワンストップショッピングができる大変便利な施設です。ＭＤを再構築すれば、まだまだ旅行客を取り込めるチャンスはあると思います。すべての旅行客でなくとも、例えば一部の富裕層へ向けたサービスが開発されれば、相応の新しい顧客開発につながるでしょう。まだ可能性が残されているのに、「爆買いは終わった」と落胆してしまうのは、いかがなものでしょうか。これから真の国際化を迎える日本を訪れる旅行客は増えこそすれ、減ることは当分ないのですから。

また、モノの販売に終始するのではなく、一等立地にある利便性を生かした地域の核としての機能を備えることも大切です。

百貨店を核とした他施設への送客機能を確立できれば、百貨店を起点とした生活スタイルが改めて醸成されるかもしれません。特に地方では、郊外のショッピングモールに顧客を奪われ、シャッター通り化してしまった商店街が多くあります。このような商店街と一体となった地域の再生計画は、百貨店が中心になって構築されるべきです。全国の百貨店が一丸となって各地域の情報を全国に発信し、各地域を再生していくことができれば、百貨店再生の目は大いにあると思うのです。

百貨店反撃の二つの戦力

時代に遅れをとった百貨店ですが、それでも小売業界で最大の力と言える財産が二つあります。

●ネットと連動した顧客活用

一つは、他に類を見ない質の高い顧客の数です。基本的には中間層から上の教育された人たちで、強い生活向上意識を持っています。商品に関する知識もあり、購買力も兼ね備えている、まさに百貨店向けの上得意顧客と言えます。現在の百貨店は加齢化が進んだ顧客が主体となっているとはいえ、デパ地下にはあらゆる顧客層を集客できていますし、雑貨を中心としたギフト需要も多くの顧客層に存在します。しかも、これらの富裕な顧客層は、百貨店がほぼ独占していると言っても過言ではありません。他業種・他業態からすれば喉から手が出るほど欲しい、小売業にとっては宝物なのです。

ところが、百貨店はこの顧客層を有効に活用しているとは言えません。ただモノを売る対象としてしか対応しておらず、有効な集客策や販売策を打てていないのです。数十万～

百万人単位の顧客を自社カードで囲い込んでいながら、有効な購買意欲活性策は値引きでしかないポイントアップぐらいしかありません。

それに対して、ネットの世界はどうなっているでしょうか。ネットでは、単に商品を売るだけでなく、その全販売データと分析内容が売り物になります。ネット企業の中には、データ販売のためのデータ収集が目的で商品を売っている企業があるくらいです。少し前まではブロガーを集めて商品の是非をツイートさせる販促をしたり、その拡散の仕方をデータ化して販売することが新しいマーケティング手法として人気を博していましたが、今はさらに進化を遂げています。

百貨店は膨大な顧客数を生かして商品を販売しながら、その購買データを活用することによって売り上げを拡大し、そのノウハウを販売することもできる環境にあるのです。ネットと連動したカード会員の新規ビジネスを早急に確立すべきですし、それが新しい時代の新しい商売のあり方なのです。

●取引先と一体化した商品・売り場開発

百貨店が有するもう一つの力は、百貨店を支えてくれている取引先です。専門店など他業態とは取引せず、百貨店だけと取引している数多くのメーカーがあります。これらのメーカーは豊富な商品知識と確かな技術を備えているだけでなく、販売員すら派遣し、販促費を取られながらも百貨店と一体となって消費者に商品を提供してくれています。彼らと取引をしたい小売業者は山ほどいます。

百貨店の取引先が提供する商品は最高レベルのものが多く、これから百貨店の主要施策の一つとなるオリジナル商品の開発には不可欠な存在です。メーカーと共同で開発する百貨店オリジナルのプライベートブランド（ＰＢ）商品は、百貨店業界と他業態との大いなる差別化商品になると同時に、特徴化商品や目玉商品など百貨店本来のＭＤ政策の中枢を担う大切な商品群です。これらのメーカーとタッグを組めば、あらゆるグレードや価格帯、さらにテイスト別にトレンドカラーを打ち出した商品に至るまで、作れない商品はなく、他業態と圧倒的な差別化が図れることになります。

現在のように百貨店が上位で、取引先に任せ切りという商売形態ではなく、対等のパートナーとして、生き残りをかけた運命共同体として取り組むべきです。百貨店だけが儲かって、取引先を消耗品のように扱う現在のあり方は、是が非でも改めなければなりません。商品開発から売り場開発、販促から顧客対策まで、両者が一体となって初めて多様化・多層化した消費者ニーズに的確に対応できるようになるのです。

メーカーにとって百貨店の位置づけは、単なる販売場所ということだけではありません。新商品を発表する場であったり、新人デザイナーの登竜門であったりと、重要な役割があります。新商品を開発する際のマーケティングにおいては、百貨店のカード会員はこの上ないテスターでもあるのです。百貨店のカード会員とメーカーを組み合わせるだけでも、大きな市場を創造できるはずです。


百貨店独自の二つの大きな戦力を、いかに有効に新戦術によって運用していくか。これが百貨店反撃の基本となることは間違いありません。これらの戦力を放棄して百貨店が他業態へ移行・転換することは、自殺行為に等しいでしょう。ディベロッパー化やファッションビル化をして賃料収入を得る政策を採る百貨店があったとしても、営々と築いてきた顧客と取引先を自ら放棄するようなことがあっては、何のための百貨店か、その存在意義を疑われることになってしまいます。

百貨店はその全盛期に、新業態も開発しましたが、ゴルフ場や旅館・ホテルの経営、宅地造成販売など本業の小売りとは異質なビジネスにも数多く手を出しました。しかしその多くが目論見と外れ、現在はかろうじていくつかの小売り業態が残っているに過ぎません。それもセゾン系の無印良品とパルコ、そしてロフトぐらいで、他はほとんど消えてしまいました。設立当初からディベロッパーとしてノウハウを蓄積し、既存の百貨店社員ではなく独自に社員を育て上げ拡大してきた高島屋系の東伸開発などは例外ですが、小売り以外の分野ではほとんど成功事例がないのです。持てる戦力は本業に集中させるべきとの証左だと思います。

二つの強力な戦力＝財産をいかに再構築・再編集して百貨店独自の強力な販売戦略を構築していくか――新しい時代の新しい売り方、そして新しい商売の仕組みを構築していくことが、一刻も早く望まれます。

装置産業から送致産業へ

百貨店は「装置産業」と言われます。集客のために豪華な売り場と数々の顧客サービス装置を備えているからです。しかし、この装置が古くなっていることに気づいていません。

生活の中心にまで進出している携帯電話やPCに対するサービス（充電機能やフリーWi－Fi、自由に使えるPCコーナーなど）、ライフスタイル提案型売り場や編集型売り場、さらには設備を要する料理教室や体験型の各種体験教室などの時間・空間を楽しむ工夫・サービスが不足しているのです。託児所やカーシェアリングなどのサービスも、今後は不可欠になります。株式投資や旅行の相談コーナーなど、プライベート＆オリジナルの「個」対応サービスの開発も求められるでしょう。

時代変化の速さを考えると、壮大かつ巨費のかかる重厚長大型の装置（環境・設備）ではなく、もっと簡易に、たびたび変えることのできる可変性装置の開発が必要です。欧米の高級百貨店では、売り場ごとにメリハリの利いた環境づくりを行い、「不変場所」と「可変場所」をしっかりと区別しています。置いてある什器も、オーダー品は最低でも15～20年は使うことを想定したグレードのものが使われ、メンテナンスにも気を配っています。一方、可変場所は華美にせず、シンプルだけれど機能的なものが採用され、商品に応じて、あるいは季節に応じて、サイズも展開方法も変えられるように考えられています。

これらはすべて百貨店として消費者ニーズに対応するためには不可欠なものです。しかし、これらの装置を使いこなすMD力がなければ意味をなしません。これらの装置は最低設置が必要条件で、設置したら消費者が来店するということは残念ながらありません。これだけでは消費者の集客には足らないのです。

現在の百貨店は何せ集客ができていません。今やひなびた温泉地でさえ、「湯めぐり手形」（※１）や無料の足湯のみならず、周辺環境を整備して竹の散歩道や旅館での日帰り入浴、貸切風呂など、持てる資源を目いっぱいに活用し、アイデアをフル展開して、温泉ではなく「温泉地」を楽しんでもらうべく工夫しています。まさに「時間・空間消費」を目指しています。それに対して百貨店は一等地に建っているので、周辺をＰＲするとか競合店と共同イベントを行うなどの地域活性化や地域への集客にほとんど無頓着でした。地域に来た消費者を自社に取り込むという発想のみで、地域一体となってまずは地域に集客する、そしてその消費者を互いに送客し合って地域内での滞留時間延長を図る、少しでも多くの店舗を回っていただく、といった意識がありません。

※１　湯めぐり手形＝温泉地全体を盛り上げる策として考案されたもので、温泉地内の旅館やホテルの浴場に手形を見せると入湯できます。せっかく温泉地まで来たのだから、宿泊先の宿の温泉だけでなく、いろいろな宿の温泉を楽しんでもらって再訪を促す策としても有効。日本全国の温泉地で流行っています。

しかし、いくら大型店舗といえども、単独店で集客することは大変難しい時代になっています。時間・空間消費時代には、一商業施設に来るというより、「地域」として集客し、その地域を巡り、時間と空間を楽しんでもらうことが主力だからです。そのためには、地域一体となった集客策が必要になります。定期的なイベントは集客にとても効果的です。例えば、青山で土日に開催される「ファーマーズマーケット」はたまたま来街した消費者が楽しんだイベントでしたが、定期的に開催されることが認知され、今や2万人以上がこれを目当てに集まっています。

百貨店が地域と協力して行った集客イベントと言えば、銀座地区の三越と松屋が岡山の地域産業であるデニムのメーカーと協力し、銀座中央通りを通行止めにして行ったファッションショーぐらいでしょう。しかし残念なことに、2社の単独イベント化してしまった結果、一発興業的になってしまい、その後は開催されていません。

むしろニューヨークのボーグ社編集長のアナ・ウィンターが呼びかけた「ファッション・ナイトアウト」と名打った「もっとファッションを楽しんで、もっと買おう」というイベントのほうが、集客も、購買も、話題も多く、継続もしています。このイベントには青山・原宿地区のファッション関連店舗が数多く参加し、営業時間を大幅に延長してシャンパンやワインを振る舞い、店内やストリートでファッションショーを行い、ファッションに関係のない飲食店も数多く参加して盛り上げました。若い世代からキャリア世代の子供連れまで多くの人々が街を歩き、店に立ち寄り、食事をしたり商品を見たりイベントに参加したりと、大いに空間と時間を楽しみました。

これは、大きな装置＝店舗さえ造れば自然に集客できるのではなく、ファッション好きな人たちのライフスタイルに１ページ加えるほどの提案が必要不可欠ということの証明でもあります。百貨店は地域の中でも最大規模を誇りますが、現在は集客の核とはなり得ていません。地域全体への集客や送客の基地となるべく発想を切り替え、百貨店にしかできないことを模索し、検討し、実行すれば、再び消費者は集まってくるはずです。

消費者の集合場所、休憩所としてでもかまわないのです。まずは地域に来てもらうことが重要であり、街を回遊し空間と時間を消費してもらうことから始めるべきです。同業他店やその他の小売業や飲食業と協力して地域全体に集客できる方策を考えるためには、自社だけという意識をまず捨てなければなりません。また地域の個店や小規模小売業は人材もノウハウも経験も少ないので、百貨店が率先して地域活性化と集客のアイデアを出すべきでしょう。

特に地方百貨店では、地元農業高校の農産物を販売したり、地元のお祭りに協賛してタレントを呼んだり、東京の有名店を招聘したりすることはありますが、どうしても単発でしかなく、継続的に地域全体に送客する取り組みは見られません。地域によっては百貨店を中心に集客方法を検討しているところも必ずやあるでしょうが、成功しているという話は残念ながら聞かれません。百貨店が持ち得る力を全力投球しているとは思えないのです。顧客という財産を持ちながら持ち腐れしている現状を見ても、それは明らかです。取引先に協力を仰げるにもかかわらず、していません。独力で孤高を保つことに意義があるかの如く、本社や本部の協力さえ得ようともしません。昔ながらの個別戦争を孤独に戦っているだけでは、総合戦の時代に馴染みません。

さらに、独自のネット活用を積極的に進めているところもありません。フロア内の売り場やブランドの紹介、ギフト商品や自社カードの紹介のみではカタログの電子版にすぎず、ネットの使い方を間違えています。ネットこそ、地方百貨店が有効活用策を構築できれば最強の武器になるはずなのですが、その実力をきちんと認識している百貨店はないと言わざるを得ません。

都市部と違い、地方ならではの名所旧跡の紹介や温泉・レジャー施設の紹介、山歩きや川遊びの紹介など、四季を通しての地域の良さは紹介しやすいはずなのですが、地元の人々はかえって地元の良さを理解していない場合があります。広範囲な情報発信は意外となされていません。県や市などが個別のホームページ上で各々情報を発信していますが、これでは消費者は欲しい情報を点でしか得ることができず、よほど目的がある人以外は集客することが難しいのが現状です。

百貨店が主催する地域回遊ツアーや地域銘品試食会なども考えられ、これらへの「送致産業化」へ向けて、もっと地元とコラボできるはずです。地方百貨店はもっともっと地元密着度を高めなくてはいけないのです。決して地元に迎合するのではなく、地元へ送客するという明確な目的のもとに取り組まなければなりません。

地元の消費者を地域内で回遊させる手段を構築すること、地域以外の消費者を地元に呼び込むこと。この二つが目標とされなければ、百貨店としての存在意義は小さいと言えるでしょう。百貨店には、地元の消費者が望む全国レベルの最新情報を地元にいち早く紹介する責任があります。それに加えて、地元の商材をはじめ、地域そのものの魅力を全国に紹介する責任もあるのです。この両方の責任を全うして初めて百貨店は、百貨店にしかできないことを行ったと言えるのです。

これまでは地方からの全国発信などは経費だけかかって効果はあまり期待できず、テレビの地域特集か県が大都市で展開する物産展ぐらいが関の山でしたが、今はネットという文明の利器があるにもかかわらず活用されていません。片足を恐る恐る突っ込んでみるレベルから意識が変革されていないのです。

都市部の百貨店も、競合店と争っている時代ではありません。百貨店と競合する業種・業態が勢いを増し、守勢一方の現状では、百貨店同士が共同で顧客を囲い込み、共同で育成していく必要があるのではないでしょうか。大型ディスカウント業態やネットに顧客を奪われるのを指をくわえて見ているばかりでなく、百貨店が一体となって知恵を絞るべきだと思います。百貨店共通で行われていることが「百貨店共有券」しかないとは、50年前と何ら変わらないと言われてもしようがありません。

これからの百貨店は、リアル店舗の存在感を目いっぱい活用し、消費者が街全体を回遊する拠点として、「百貨店から街へ送客」する機能を果たすべきです。リアル店舗の存在意義と価値を改めて創出し、さらに街興しの拠点としての機能（情報提供、休憩、食事処など）を再構築して再発信することができれば、消費者に認められ、新たな百貨店の時代が来るかもしれません。

新生への戦略と果たすべき役割

時代に追いつけない組織・機能

百貨店をはじめとする大型商業施設は時代の波に乗り遅れました。売り上げ不振を景気のせいにし、70年前から続く手法で顧客対応を図っていても顧客は戻ってきませんし、売り上げをつくることもできません。経費削減が唯一の対策で、景気が良くなるのをひたすら待っているのでは、会社は持ちこたえられません。

また、百貨店は自らが持っている潜在的資源にも気づいていません。自社カード顧客や外商顧客は、他業種が喉から手が出るほどうらやましい財産です。数千に及ぶ取引先も長年培ってきた財産であり、１日に何万回も行われる商取引はビッグデータとして計り知れない価値を生む可能性を秘めています。何より新規小売業が保持できない「伝統」と「信用」

という絶対的価値も有しています。

これだけの資源を持ちながら活用できないでいる理由は何なのでしょうか。百貨店各社には優秀な人材や多額の報酬を払っている外部コンサルタントが山ほどいるのに、なぜなのでしょうか。最も大きな原因は、「組織が大きすぎて、いくつもの担当部署にまたがって存在する問題をきちんと把握できない」ことと、「目先の売り上げのみに気を取られ、時代の要請に対応する組織がない」ことです。今、対策を検討して実行しなければならない課題に対する認識力が担当部署にありません。企業や部署として今、何をすべきかを早急に把握する必要があります。各部署が自社の課題を洗い出し、組織を横断して根本的な対策を立てることが急務です。しかし、どうしても「総論賛成・各論反対」のセクションエゴが出て、改革案は骨抜きになってしまうのが常でした。これは各社とも根が深い問題です。

現場には「このままではいけない」という改革意識と「余計なことはしたくない」という忌避意識が併存しています。時代が突きつけてくる課題はそれまで存在すらしなかった内容が多いため、当該部署だけでは判断し得ないケースがほとんどです。それゆえ課題は「自分の部署の管轄ではない」として隅(すみ)へ追いやられたままになり、手遅れとなるのです。迅速な対応をするには、まずは本社が課題を認識し、各部署に対応策を指揮・指導できる組織・

機能を整備する必要があります。そもそも組織・機能が時代に追いついていないのですから。では、どんな組織・機能が必要なのでしょうか。

会社の方向性を決定するマーケティング戦略部門

第一に必要なのは、会社の方向性を決定するマーケティング戦略部門（経営企画室）です。社会状況の分析や経済状況の見通し、消費者動向の予測、業界の見通し、消費者ニーズの予測、自社顧客の分析、自店の状況分析、競合店の状況分析などを集約し、今後の動向を分析して、本社に戦略的対応策を具申するマーケティングセクションが必要です。

その機能の一つは、マクロ的に政治や経済の動向が消費者にどのような影響をもたらすのか、消費者の近年の消費内容（心理やニーズ、志向など）はどうなっているのかを調査・分析し、その理由を特定することです。

二つ目は、小売業界に大きな影響を及ぼすであろう事柄やモノの分析と対応策を検討すること。生活への影響度が強いと思われる新商品や新施設、話題などの分析と対応策の検討を行うのです。

三つ目は、3～5年先の予測と、前年度の実績と過去の予測からその差が生じた理由（合っていたのか、間違っていたのか。その結果、どういう方向性を持った修正をするのかなど）を分析することです。

四つ目は、顧客満足度の分析です。自社の顧客は、何に、どれくらい満足し、何に、どれくらい不満を持っているのか。定性・定量分析が必要ですが、今一番必要なのは広義と狭義の「非来店調査」です。この調査により、百貨店に来ない理由と自店に来ない理由の一端が明確になり、戦略の構築に大きな力を発揮します。分析結果については、自社の当該営業部門をはじめ関連部署と綿密な連携をとって裏づけを取ることが不可欠です。裏づけを取ることなしには、ただの分析に終わり、現場が納得しないことになってしまうからです。

このような組織なら「すでにある」と言う百貨店が多いことでしょう。しかし、経営の根幹にかかわり、営業分野まで踏み込んだ分析を行っているところは少ないと思います。ましてや、当該部署と具体的な対応策まで検討できる部門はないと思われます。ここが大切なのです。

例えば、ユニクロの出現と成長を、百貨店はどう分析していたでしょうか。単に低価格戦略だけの既存小売業の亜流、海外に工場を求めただけの従来型ＳＰＡとしか見なかったのではないかと思うのです。素材の新機能を徹底して追求し、世界に市場を求めた次世代型企業だと見抜く力が百貨店にあったでしょうか。自社の商品に今までにない機能という付加価値をつけ、他社の追随を許さない物づくりを目指した企業（ＳＰＡ型）だと見抜いたアナリストはいたでしょうか。誰もいませんでした。

かつて無印良品が登場した頃、そのシンプルな商品の形だけを真似た「○○良品」や「○○逸品」などの名前をつけた商品が市場に数多く出回りましたが、現在は生き残っていません。ユニクロが生んだ現象も同様で、フリース素材を使った他社商品やヒートテックを真似た素材で似たようなネーミングをつけた他社商品は山ほど作られています。しかし、それらはユニクロほど市場の支持を得ることができず、生まれては消える繰り返しで、残らないのです。

無印良品であれ、ユニクロであれ、その商品が市場に受け入れられた本質的な理由を分析・把握できておらず、表面的な理由のみを自己解釈して真似る。このような愚策を何年にもわたって行い、在庫の山を築いているという現実を、各社の既存マーケティング部門はどう考えているのでしょうか。マーケティング部門は各社が本社直轄部門としており、企業としての営業方針を決める最も重要なセクションです。この部門が発信する分析が本社の方向性を決めていくのですから、消費者ニーズの本質を捉えられる組織・機能が必要なのは言うまでもありません。

ネット販売に関しても、特にこの5年間で、どこの百貨店が真剣に検討し、その効力を認識し、リアル店舗との相乗効果を研究して、投資をしてきたでしょうか。誰が携帯電話で洋服を買うなんて想像したでしょうか。爆買いも同じです。国際化の意味とアジアの経済成長を、数字ではなく肌で感じ取ったマーケティング担当者がいたでしょうか。インバウンド対策を積極的に行ってきた百貨店はあったでしょうか。

ネットの実情や今後期待できるサービス、拡大する販売規模、海外への販売戦略、新しいビジネスモデルの開発、あるいはネット企業とのコラボによる新市場への進出、企業資産のネット活用など、ネットビジネスは無限の可能性を秘めています。ところが、どこの百貨店もネットの基本戦略については販売方法を検討するだけで、ネットを生かした新手法の開発にまで踏み込んだところは1社もありませんでした。

マーケティング部門がネットの可能性や将来性をきちんと分析・評価して、今後どのように対応すべきかを提案すれば、必ずやリアル店舗と相乗効果を生み出す新たなネット事業を開発できるでしょう。広がりのある戦略を作るためには、実業ではないマーケティング部門が現状の把握・分析・検討を行い、「次」を提案することが不可欠です。現場は「現場を知らずに絵餅の策を作っても、消費者には受け入れられない」と否定するでしょうが、マーケティング部門は現場と連動する必要はいっさいありません。ネットについては、現場には理解してもらえないことを前提として、強力に本社主導で推進しなければならないのです。

爆買いについても、売り上げ総額ではなく、個人単価がどのように推移しているかなども分析していれば、対応策の中身も変わったはずです。免税コーナーの設置や店内の外国語表記、さらには百貨店ではまだ十分ではない通訳の配置や外国人販売員の登用など、急増する訪日外国人客（※２）への対応策を海外事例なども調べて形にすべきなのです。これらは現場ではなく、本社直轄のマーケティング部門が情報収集・研究・提案を一括して

※２　訪日外国人客数＝日本政府観光局によると２０１１～15年の訪日外国人客数は次のようになっています。11年６２２万人、12年８３６万人、13年１０３６万人、14年１３４１万人、15年１９７４万人。

行い、本社として総合策を提案することが望まれます。

国際化が進む一方、国内においては高齢化も避けられません。その中で百貨店ができ得る顧客サービスや取扱商品などの方向性を、具体的に提示する必要があります。高齢化や少子化、国際化に伴う具体的な消費変化を予測し、提案することがマーケティング部門の主たる業務になるでしょう。現在の単なる市場分析ではなく、本来的な消費者のニーズがどこにあり、どこに移るのか。これは営業戦略を立てる際の基本中の基本となる情報ですが、しっかりと分析・予測できている百貨店は意外と少ないのです。ましてやニーズを先取りして具体的なＭＤやサービスとして消費者をリードしている百貨店はほとんどないのが現状です。

営業戦略を担う部門の再構築

マーケティングに関する報告を受けて営業戦略を担う部門の再構築が必要です。

そのトップバッターが「宣伝部」です。宣伝部の目的は直接・間接を問わず自社のＰＲ

ですが、もう少し範囲を狭め、明確に「集客」を目的として掲げるべきです。集客数は目標ではなく予算化し、この達成度合いによって宣伝部は評価されるべきです。加えて、新規物販催しや新規文化催し、そして各フロアで行われる各種の集客イベントの集客数を予算化すべきです。売り上げ予算は、この集客予算に商品関連の１人当たりの販売予算を掛けたものが採用されるべきで、決して前年ベースで設定してはいけません。宣伝部の評価は「集客数」のみとすれば、営業部ともっと連携し、商品について突っ込んだ内容の打ち合わせもするようになり、責任感も増すことでしょう。

次は、「営業企画部」です。生産性全般を向上させるための販売員の昇給やインセンティブ制度の策定、利益率向上のための値下げや処分のルール改良策の策定、効率の良い営業時間の設定、顧客の買い回りの増加による購買点数と購買単価のアップのための環境整備策や新規サービスの開発、既存サービスの向上策の策定、ポイント制度の再検討と再構築、さらに高齢者顧客対策や訪日外国人客対策などについて、マーケティング部門と共同で戦略を立て実行する必要があります。ネットの活用など、これからの百貨店のあり方を左右する大きな課題も、現場目線での検討が必要です。

この他にも、コンピューターによる機械化を全部署・全売り場で推進する必要があります。

労働集約型産業とされるサービス業（第3次産業）ですが、ＰＣによる在庫確認や顧客データの集約、ネットの活用、ＳＮＳの新しいサービスなど、徹底した機械化によって生産性の向上を図るべきです。日進日歩の技術革新により、ハード機器は目まぐるしく進展しています。しかし、この機器をどう使いこなすかという以前に、何に使いたいのか、現場サイドからはなかなか意見が出てこないのが現状です。与えられた機器に対する不満や要望だけがあっても、自分たちは「これをするためにこういう機器が欲しい」という要望がなければ、猫に小判も同然です。そのため、現場の課題を理解したうえで機械化を進め、生産性の向上に生かす部署も必要になります。営業全般にかかわる「営業戦略」のセクションです。

新規事業を構築するセクション

従来はなかった「新規事業」を構築するセクションも不可欠です。

百貨店が持つ資源の中でも、カード会員をはじめとする会員組織はとても大きな有効資源であり、この活用政策の立案が重要です。現状のポイント付与策ではなく、会員を生かす効果的な集客策や売り上げ獲得策、名簿活用策などを検討しなければなりません。カード会員の来店頻度をいかに上げるか、購買点数をいかに増やすか、購買単価をいかに高めるか、このような根本施策の立案が求められます。

何層ものレベルに分類された会員に対して、彼らが望むサービスの開発はもちろんのこと、会員であることのメリットの再構築が必要です。安易なポイント付与だけで膨大な経費がかかっているだけでなく、会員はそのメリットに麻痺してしまっています。各社はさらなるメリットを屋上屋的に重ねなければ集客効果も得られなくなっているのです。

現在はポイントアップ期間を設定していますが、その結果、何が起こっているのでしょうか。期間中こそ売り上げは伸びるものの、その前後は大幅に落ち込み、この分も含めた期間の売り上げは通常の期間と変わらない。しかもポイントアップ＝値引きした分、利益は下がっているのです。当初はカンフル剤的な効果がありましたが、年から年中行うようになったため、現在はほとんど効果が期待できません。ポイントアップに代わる施策が不可欠になっています。

まず、既存顧客を集客できるカード会員だけの特典を作る必要があります。一部の百貨店は来店ポイント制度を導入していますが、入り口横で来店登録をするだけで帰ってしまう人が多く、あまり効果はなさそうです。わざわざ来店したことに対する相応のメリットを実感でき、さらに商品を購入した場合にも得られるメリットが必要です。

例えば、何らかの商品をお買い上げの後に、生活必需品を購入（水やトイレットペーパーなど値入率の良い商品をダース単位などで量をまとめて購入）すればポイントが増加するなど、どこで買っても同じ商品を百貨店で購入してもらう（配送経費をどうするかという問題は残りますが）などの策が考えられます。カード会員のみの購買特典をいくつも揃えることが必要です。カード会員専用の定期購入コースや、カード会員だけが買える商品群の設定も効果があるかもしれません。カード会員になっていることのメリットをより拡大することができなければ、カードを所有しているだけで使用する機会は増えないのです。

しかし、ポイント付与については世の中の流れで、今さら止めることはできません。次に検討されるべきは、このポイントの有効活用策です。現在の値引き効果だけでなく、他の効果も検討されるべきです。現在はポイントをモノか商品券に交換するのが主流ですが、サービスへの交換はあまり試みられていません。今後増える介護施設や介護サービスにポイントを使えるようにする、百貨店独自のサービスを受けられるようにするなど、前向きの施策を考え、他社とのコラボや連携も含めてポイント制度を活用した新たなビジネスの構築を模索すべきでしょう。

と同時に、休眠顧客の活性化も大きな課題です。現在は定期的に来店促進のはがきを送付するぐらいが関の山ですが、効果があるとは言えません。もっと休眠顧客が来店したくなる仕掛けを検討すべきです。

会員を生かす新規ビジネスの構築は今後、最も価値のある取り組みかもしれません。顧客に商品を売るだけでなく、顧客そのものが大いなる自社財産であることを認識し、その活用を図る時代になったのです。これまでも名簿活用については何度も試行錯誤されてきましたが、他業種にそのまま名簿を利用させることは一種のタブーでした。それに対して、ＩＴ産業は自分たちが開発したソフトをプラットフォーム化して、各業種に利用させるビジネスモデルを構築し、急成長を遂げました。百貨店はそうしたソフトの代わりに有している会員を活用して、他社に利用させるビジネスモデルを構築する時代に突入していると思うのです。会員は大きな価値を持つ資源なのです。特に外商顧客を活用した新規ビジネスは無限の可能性を秘めていると思います。通販名簿やネット名簿も同様です。

この会員ビジネス以外にも、もっと柔軟な思考で百貨店が持つ資源の有効活用を探れば、さまざまなアイデアが湧いてくると思います。例えば、閉店後の建物自体をイベントなどの会場として貸し出すレンタル事業（二毛作化）、社員を専門家として各業界に派遣するサービス、閉店後に外商顧客だけの購買時間を設定する、超高級年配者向けマンションの併設など、最初からあれはできない、これは駄目と枠を作るのではなく、アイデアを出し合うことから始めるのです。

ネット事業戦略を構築するセクション

ネットの技術は日々進化しています。これを営業活動に効果的に活用することは当然大切ですが、ＩＴ社会の進展に伴って消費活動がどのように変化するのかを予測し、それに対応し得る業態やＭＤ戦略（仕入れ方、見せ方、売り方）、そして店舗戦略を検討する必要があります。リアル店舗と連携したネット事業の構築です。

例えば、かつての呉服販売は「客を見て値段を決める」方式が一般的でしたが、定価・正札制度を開発し、万人が騙（だま）されることなく安心して購入できるようにしました。このような革命的な商慣習の転換がもう一度、ネット社会では求められるでしょう。

単なる「リアルとネットの融合」が叫ばれた時代から十数年が経ち、ネット社会が急速に進展してもなお、そこに百貨店は何の貢献も存在意義も見出せていません。この状況から一刻も早く抜け出し、ネット社会における百貨店の存在意義と消費者に対する主導的立場を獲得するために、自ら新しいネットの活用方法を考案・実行すべきです。ネットで衣料品販売を伸ばしている企業は、サイズ返品・交換を前提に受注・再送システムを備えた物流機能を持った企業です。新しい思想を持ち、消費者にとって便利なシステムを考案・実施した企業は、返品を減らすことのみを前提とするのとはまったく逆の発想で、消費者の目線でシステムを組み立てたからこそ、市場を創ったのです。

百貨店のネットビジネスと言うと「物販」のみを想定しがちですが、他にも新しいビジネスの可能性が眠っています。ネットによる集客政策をはじめ、百貨店が保持するカード会員と物販モールをつなぐ新形態の提携事業、リアル店舗と近住のネット会員とのコラボによる新消費形態の醸成などが考えられます。これらはすぐにでも取り組めるでしょうし、新たな会員ビジネスとして有効だと思います。

ネットの無限の可能性と消費を結びつけるビジネスモデルを、早急に構築する必要があります。現状では、ネットの「今」しか見ず、次の新しい波を予測するどころか感じてさえいません。ネットの進化に勝るスピードをもって次世代を勝ち取る気概と準備が必要です。そのためには、営業部やシステム部だけでなく、宣伝部や外商部も含めて、各部が横断的にネットの価値を活用できる組織が望まれます。単なるネット販売を行うのではなく、ネットを活用した新しいビジネスモデルの構築をリードする部門が今後は不可欠です。この部門は、ネット販売を直接行う実行部隊とは別に設置されるべきだということです。

新規ＭＤ売り場開発戦略を構築するセクション

ライフスタイル型の売り場・ゾーンを開発するセクションです。

Ａブランドがいいとか、Ｂブランドがいいとか選択するだけのＭＤの時代は終わっています。新しいＭＤ部門は、消費者ニーズに応えられる「新規ＭＤ売り場」を開発しなければなりません。従来の縦割りの部門構成では、新規売り場を開発することなど不可能です。現状の部門をすべて新しい括りにすることが現実的ではない場合も、次善の策として新しい売り場開発セクションが必要になります。現実問題として、かつての若者たちが成長し、中高年世代になっても百貨店には来店していないからです。専門店やブランドショップ、ショッピングモールで育った世代の視野に、百貨店は入っていないのです。彼らは現状の売り場展開やＭＤ展開に興味がないから来ないのです。ここを根本的に変えなければ百貨店に明日はありません。

他の消費チャネルへと流失した顧客を取り戻すためには、その原因を探ればある程度の対策を打つことは可能です。しかし、端から百貨店に来ない消費者に来店してもらうためには、膨大な作業が待っています。消費者総体の非来店調査や消費スタイル調査にトレンド調査、そして消費者ニーズの実態をつかんだら、具体的な提案となるＭＤの構築や売り場環境の精査、ソフト提案、コンタクト策の模索が必要です。その施策に対する反応を受けて、ＭＤの修正や新規売り場の開発、ネットやＳＮＳを使った集客策の実施、他社やブランドとコラボしたイベントによる新規店舗や新規売り場の認知度アップなども必要になります。

この新規売り場をベースとして、次に必要となるのが「新規ＭＤゾーンの構築」です。もはや単独の売り場では消費者は呼べません。一定の規模と集積がないと、消費者は売り場のことを話題にもせず、ましてや来店して館内を回遊することもないでしょう。新規MDゾーンで重要になるのは、単なる新たなブランドやショップの集積ではなく、「ゾーンを構築する切り口」です。切り口が斬新で提案性が強ければ、話題性もあるため消費者の反応は速く、SNSや口コミによってあっと言う間にニュースが拡散します。

特に「ライフスタイル型」や「若い子育て世代ターゲット型」のMDゾーンは、既存のブランドやショップだけでは無理で、新規ブランドを導入するだけも構築できません。しっかりとした切り口が求められます。消費者の朝から晩までの生活、食と美、自然やたくましさをテーマにした子育てなど、切り口はさまざま考えられます。新たな切り口によるMDゾーンを新規売り場として展開することにより、新たな顧客を獲得するのです。

新規MDゾーンは、従来のようなブティックの連なりではなく、ゾーン全体でワンショップとして構成されなければなりません。ライフスタイル型MDには一定の商品ボリューム＝量が必要で、理想的には２００坪前後が求められます。衣・食・住を網羅した展開にはこれくらいが最低必要だからですが、大型店舗ではこれだけの規模でもあまり効果は望めません。この規模のゾーンが数カ所、同一店内で展開されないと、空間消費を満たすだけのMDを構成できず、わざわざ来店する動機となり得ないのです。これからのMDでは「面積」が大きな武器となります。

高島屋横浜店の「健康の森」売り場は好例でしょう。その名の通り、「健康」を切り口に、衣・食・住の全般にわたって商品とサービスを集積しています。病気予防、未病、介護までの範囲で、健康器具からマッサージ器、スポーツウエア・用品、サプリに漢方薬品、健康食品、カロリー計算済みの食事メニュー帳、杖などの介護用品全般……これらを１カ所に集積した画期的な売り場開発となりました。今後増える高齢者だけでなく、その手前の年代の消費者も含め、健康意識の高揚や予防法の教宣（きょうせん）、未病運動を推進する総合売り場として展開されています。このような売り場が各ゾーンで開発されれば、消費者のほうから「行ってみよう」と思える情報発信基地として、支持を拡大できるでしょう。今後に期待です。

新規ＭＤゾーン内で重要な位置を占めるのが、飲食コーナーです。飲食コーナーはそれ自体で集客できる老舗やトレンドの話題アイテムで構成することがカギとなりますが、ゾーン全体の休憩スペースとしても有効です。以前は椅子やテーブルを置いただけの休憩スペースがよくありましたが、昼寝目的の近所の住民が占拠し、イメージ的にも決して良くありませんでした。飲食の有料スペースはこのような非営利顧客を排除でき、売り場イメージだけでなく、実利も確保できるので、今後は積極的に導入すべきＭＤの一つです。

新規顧客の獲得には、ワンアイテムを徹底して集積したゾーンの構築も有効です。従来だと効率を追求して売れ筋のみを品揃えする傾向がどうしてもありましたが、近年の消費者ニーズは大きく変化しました。ワンアイテムでも入門者向け商品からプロユースまで徹底したMD展開は、集客だけでなく、他との差別化にも大きな効果があります。

近年の欧米の靴売り場開発がこれに当たります。ニューヨークのサックス・フィフス・アベニューやロンドンのセルフリッジズなどは、まさに巨大な靴売り場（サックスは10万足、セルフリッジズは18万足の集積とされます）を編集しています。市内最大規模で、ラグジュアリーからカジュアルまでフルブランド、フルサイズ展開、価格帯も1万～20万円と実に幅広く構成されています。デザイナーブランドやラグジュアリーブランドの商品はすべて揃えています。地域一番の品揃えを、グレード軸、価格軸、デザイン軸、さらに使用シーン軸で提案し、ないモノはないという「量のMD」で他を圧倒しています。

「量」は面積と同様に、これからのMDのキーワードの一つになります。圧倒的物量の地域一番店は間違いなく消費者が望む存在だからです。中途半端な品揃えの店は消費者の選択肢から排除され、地域一番店しか生き残れないのは筆者の経験からも明白です。量のMDはそれだけで、消費者の年齢や収入、テイスト、目的はさまざまあっても、例えば靴が欲しい人を集客できるのです。同様の効果は靴以外でもあります。食品のような低利率商材よりも、高利率商材の雑貨のほうが集客効果は大きいのです。

だからこそ、「地域一番戦略」を構築する必要があります。限られた面積下で、どのブランドでどのようにして地域一番の売り上げを取るのか。面積の拡大によるのか、優秀な販売員の集積によるのか、ＭＤ展開方法によるのか、などを検討すべきです。メーカーとの綿密な協議による強力な支援がなければ達成できないので、ＭＤ本部の腕の見せ所です。

ＰＢ戦略を構築するセクション

新規顧客の獲得や利益率の向上のために、さらに地方店にとっては核ＭＤゾーンとして、「ＰＢ戦略の構築」が不可欠になります。

かつて百貨店は、他社との差別化や高利益率を目的に数多くのＰＢを開発していました。ただ、差別化を戦略の柱の一つに掲げたため、拡販をしませんでした。そのために絶対販売量が増えず、高値入率を取るためには上代を上げるか、製造委託先を中小メーカーにすることが多く、価格や品質で中級品が多くなり、売り上げも望み通りにいかないケースが多かったのです。その結果、ほとんどの百貨店がＰＢから撤退せざるを得なくなり、現在も存続しているＰＢは数えるほどしかありません。

他方、コスト削減策として始められた食品のＰＢはコンビニで大成功を収め、店頭商品の９割を占めるという盛況ぶりです。コンビニでは売れなければ翌週でも商品が撤去されてしまうためメーカーも真剣勝負で、良い商品がどんどん生まれる下地になっています。

このＰＢへの取り組みが今、再び百貨店で始まっています。その理由の一つは、従来のような差別化や高利益率化ではなく、もっと切実です。取引先だけでは埋めきれないＭＤ上の穴を埋めるため、また地方店や郊外店で不採算を理由に取引先が撤退してしまった売り場を埋めるために、自社商品が必要になったのです。もはや百貨店だからといって、出店を希望するメーカーが門前に市をなす時代ではありません。特に既存の取引先が作らなくなってしまったお値打ち品（※３）はＰＢ商品で補うしかないのが実情なのです。

伊勢丹は「オンリー・アイ」、そごう・西武は「リミテッドエディション」、大丸は「そふーる」というＰＢ商品やＰＢ売り場の開発に取り組んでいます。ボリュームゾーンでの展開が多く、総合展開を視野に入れてはいるものの、伊勢丹以外は今のところ小規模で、アイテムも限定されています。しかし今後は急速に拡大され、現在開発を行っていない百貨店も開発せざるを得なくなるでしょう。地方や郊外で単店展開し、自社でオリジナル商品を開発する力がない百貨店は、所属する百貨店グループの幹事会社から開発商品を卸してもらい、自社ブランド名で販売するようになるでしょう。幹事会社もまた、差別化よりも卸によって利益を確保し、オリジナル商品の開発を継続できる戦略へと転換せざるを得ないからです。

もう一つの理由は、消費者の高級志向に対応するラグジュアリーブランド群が、百貨店から路面へと出店をシフトしていることがあります。大都市の一等地の百貨店でも1階にしか出店しなくなりました。ラグジュアリーブランドを導入しても百貨店は儲からず、一等地まで取られたわりには消費者も冷め、導入する意味が薄れてきています。それよりは日本企業と組み、日本の職人が腕を振るった上質な本物指向の商材をＰＢとして開発したほうが、消費者ニーズに対応できると判断したのです。

※3　お値打ち品＝利益の薄い低価格商品。そのわりには絶対量が売れるわけでもないので生産を終了してしまった商品群のことを言います。

現在、日本製の高級品はほとんど百貨店では見ることができません。一部の専門店が細々と命脈をつないでいるのが現状です。今の消費者には、「ブランドロゴの入っていない高級品」へのニーズがあります。ブランドに血道を上げた消費者が成熟した結果、本当の本物を志向する人が増え始めたのです。ブランド志向ではなく、「上質志向」なのです。このニーズに対応し始めたのが伊勢丹です。鳥取のバッグメーカーと組んで、国内最高品質でデザインの優れた商品を開発しています。この売り場を新宿本店のラグジュアリー売り場の一角に構え、日本の物づくりを応援しています。

このようにPB戦略には、食品から衣料、雑貨、はたまたラグジュアリーゾーンまで、自社のポジショニングに合ったいくつかのグレードの商品開発が求められます。しかも、一定規模の量を販売できるだけのデザイン力や価格対応力、生産力なども必要で、自社名を冠したネーミングがベストです。自社名をブランド名にするのは、商品のグレード感そのものを消費者に理解してもらいやすいからです。

しかし、かつての轍(わだち)を踏まないためにも、生産から販売、処分まで時間軸で販売量をしっかりと管理し、在庫負担に追われることのない販売計画を立てるべきです。そのためには、自主MD売り場開発によるブランド化なのか、平場投入による売り場確保なのかを明確に

閑話休題 12

百貨店の第１号PBは？

1959年に大丸百貨店が紳士スーツブランド「トロージャン」を発表しました。これが百貨店PBの第１号です。このヒットを契機に、チェーン展開をする大手百貨店は一時、こぞってPBを開発しました。海外ブランドとの提携は高島屋がいち早く取り組み、66年に開始しています。

する必要があります。これをスムーズに進めるためにも、各店舗との事前の打ち合わせは欠かせません。これがこの計画の成否を握ると思います。さらに地方店や郊外店の場合は、自社販売員の確保がほぼ不可能な現在、これから自社販売員をどこまで育成するのかなど、課題が山ほどあります。避けては通れない課題なので、早急に担当部門の設置が必要です。

新規取引先の開拓・育成戦略

新規取引先の開拓と育成には、部門ではなく戦略の視点で取り組む必要があります。

次世代のＭＤを構築するためには、すでに有名なブランドやデザイナーを招聘するのではなく、若手デザイナーを育成するインキュベート機能が必要になります。育成には3段階程度のレベル差をつけることが肝要です。

最初の入門編レベルは、4シーズンで各1回ずつイベントを開催し、デザイナーに自ら販売させ、消費者ニーズを肌で感じさせることが目的となります。百貨店が織ネームやタグを製作し、商品は買い取りで展開することが条件です。第二レベルでは、前段階で評判が良かったデザイナーたちの商品を集積し、ゾーン展開します。1年間で販売予算を達成したデザイナーは個別コーナー展開へ移動し、ブランディングしていきます。未達成グループはまた第一レベルへ戻ります。こうして常に新人の登竜門を開けて、若手をインキュベートするのです。このようなことは海外の百貨店では当たり前になっていて、デザイナーは積極的に百貨店に売り込みに来ますし、百貨店の仕入れ部門も常に彼らに対して門戸を開けています。

ファッション以外の分野では、職人の育成が重要な課題です。若手の職人は技を磨いても、作ったモノを販売できる場所が確保されなければ物づくりを続けられません。人間国宝の商品だけでなく、職人仕様の普段使いの商品に価値を見出すことも百貨店の本来業務の一つです。かつて民芸運動の創成期を支えたのは百貨店でした。高島屋は柳宗悦や河井寛次郎の作品を積極的に買い取り、販売しました。これにより、日本人は生活の中のデザインや様式美を再認識したのです。これは大変な功績でした。現代でも若手職人の育成へ向けて、百貨店はもっとやることがあるはずです。漆にしても、竹細工にしても、革物にしても、染色にしても、いくらでもインキュベートすべき領域はあります。

京都の伝統産業のみならず、北陸や東北の漆産業や織物産業、東京の繊維産業、九州の染色産業など、百貨店が扱うべき商材を細々と歯を食いしばって護(まも)っている職人はたくさんいます。小売りの王者として、消費文化の守護者として、目先の商売を離れて王道を歩いてほしいと思います。

これまで述べてきた部門や戦略は「すでに存在している」とみなさんは言うでしょう。しかし、ここで問題にしたいのは、形態や名称が同じだけで、機能はまったく違うレベルが要求されているということです。明確な数値目標を設定し、開発期限を区切ってスケジュール化されるべきです。従来と同じ内容を粛々(しゅくしゅく)と行っていたり、形だけ新しいと思い込んだ戦略を練っていたりしても、消費者のニーズには対応できません。自社の大方針に沿った企画を全部門が連携して立案し、全店舗が連動して初めて効果が出ます。

そのことを全社員に徹底する必要があります。特に最高意思決定機関はセクト主義に陥りやすいので、各部門が相互に現在の問題・課題を出し合い、勉強すべきでしょう。現代はあまりにも新しい事柄があまりにもスピーディーに進み、日常の業務が忙しいと自身の責任の範疇(はんちゅう)以外のことには無関心になりがちだからです。企業のトップこそ、大きな方針を構築し決定するだけでなく、少しでも現場の課題を認識すべきだと思います。

生き残りをかけた海外進出

国際化が進み、インバウンド対応に活路を見出そうとする百貨店が多い中、逆に海外に進出することで活路を見出そうとする百貨店があります。高島屋です。

かつて日本の大手百貨店がこぞって海外に進出した時代がありました。高度成長期のことです。西武、そごう、三越、伊勢丹、大丸、高島屋、東急と、錚々(そうそう)たる百貨店が出店しました。しかし残念なことに、準備不足のせいか、時代が早かったのか、ほとんどの店舗は撤退の憂(う)き目に遭い、現在も海外で健闘しているのは高島屋と伊勢丹のみになってしまいました。

これまでの海外進出は、海外企業との合弁による進出がほとんどで、どちらかというと名前貸しの出店であり、ほぼ現地資本の百貨店というのが実態でした。東南アジアの百貨店は基本的にディバロッパー方式で、リーシングによる家賃収入方式です。ディベロッパーの経験がない日本型百貨店では運営に無理があり、厳しいのは当然でした。その中で、高島屋は初めから独自資本で、地域一番規模の出店という大きなリスクを覚悟して進出したのです。

日本のメーカーで海外に直接進出している企業はほとんどありません。商品は日本からの輸出で、それを現地企業が扱っているのが一般的です。そうした環境下で、いかに現地で評判のテナントを集められるか、いかに現地消費者が望む海外商品・ブランドを招聘できるか、それと同時に、いかにそこでしか買えない日本商品を展開するか、日本の百貨店の真価が問われます。高島屋の場合、日本で最初のショッピングセンターであり、今なお日本一の売り上げを誇る二子玉川の玉川高島屋Ｓ・Ｃを運営する、東神開発というディベロッパーがあります。この東神開発と高島屋が一体となった出店方式は、海外で百貨店を運営するうえで大きな力を発揮しました。

日本国内の小売りが飽和した現在、「将来を見据えて海外に出店する」と高島屋の鈴木弘治会長は言っています。国際化と言われながら、ガラパゴス化しかけた日本の百貨店の復興を、東南アジアの成長にかけたのです。中国、ベトナム、マレーシア、インドネシアと、膨大な人口を抱え、急速に成長するアジア市場へと打って出ることにしたのは、消費が国際化する流れにある中で当然のことでした。日本の誇る接客サービスに優秀な日本製品、ファッションから食品まで長年培った売り場展開のノウハウにディベロッパーのノウハウ。これらを駆使して海外に打って出ようというのです。

今、東南アジアは空前の日本ブームに沸いています。日本の伝統文化や風習、そして現代の日本に対する興味は山盛りのようです。しかし、これらのニーズに対応するちゃんとした「日本紹介」は行われていません。現地の消費者に日本の新旧文化や商品を一堂に会して紹介することこそ、日本の百貨店が採るべきMD展開であり、現地で成功するカギの一つでしょう。

そのためには、いかに日本の製品メーカーと協力体制を組むかがとても重要になります。生活消耗品だけではなく、トヨタの自動車からPCのVAIO、セイコーの時計からヤマハのバイクなどの機械製品、ゲーム機のプレイステーションから任天堂3DS、炊飯器やデジカメ、省エネ家電全般、ゲームセンターにカラオケ、フィギュアに漫画、100円ショップの便利グッズや化粧品、カップラーメンに菓子パンと、海外で人気の日本文化や日本製品は多岐にわたります。「メード・イン・ジャパン」を一歩進めて「ディス・イズ・ジャパン」をワンフロアに集積するぐらいの規模展開が望まれます。

これまでも高島屋は、国内においても中途半端な提携や進出は嫌い、やる以上は徹底してやるという鈴木会長の強い意志のもと拡大してきました。シンガポール店も名古屋店も、その強力な経営リーダーシップのもとに成功させてきました。リーダーの経営手腕と長年培った営業の信用力で、高島屋は百貨店再編の頃（07～08年）も大手で唯一独自路線を貫き、今も大手百貨店で独立性を保っている数少ない百貨店です。常に小売業の先を読んできました。現在、百貨店で世界を見据え、世界で勝負しようとしている経営陣は、稀有な存在と言えるでしょう。

日本市場というコップの中の競争ではなく、世界を相手に戦うという頼もしいチャレンジの成功のカギは、いかに日本式の営業の優位点を現地の消費者ニーズにフィットさせ、展開していくかにあります。日本式がすべてうまくいくこともなく、現地式がすべてよいわけでもないのです。現地の消費者ニーズを十分に研究し、思い込みや勝手な希望でＭＤを組まず、顧客第一主義を具現化できれば、どこででも成功するでしょう。

これから紆余曲折はあっても、東南アジア経済の拡大は間違いありません。しかし、膨大な可能性にリスクの存在を認めながらチャレンジするのと、おっかなびっくり進出するのとでは、成功する確率は大きく違ってきます。カントリーリスクや宗教リスクなど、出店リスクは確かに欧米と比べて高いかもしれませんが、これからの百貨店は世界に打って出るという選択肢を真剣に検討すべき時代に再びなっていると思います。鈴木会長はこの日を見据えて、経営層に海外事業を担当させたり、世界一流のビジネススクールで国際化の経営戦略を学ばせたり（現在の木本茂社長もこの卒業者です）と、着々と周到な準備を重ねてきました。先見の明であったと思います。あとは営業がいかに具体的な政策を立て、海外を攻略していくかです。

欧米の百貨店は、買い取りによる自主販売が基本です。海外と同様、国内で生き残るためには、自社販売員による自主売り場が不可欠と本書では説いてきました。次は、完全買い取りによる欧米型店舗を海外出店の一方の柱として、国内店舗のＭＤと連動（処分も含めて）させながら、相互に消費者ニーズへの対応を図り、新型百貨店開発の礎を築いてほしいものです。高島屋に、ぜひ期待します。

新時代のメーカー機能

変わる販売チャネル

消費者ニーズへの対応のあり方が変わらなければ、百貨店は今後、年々客数が減り、それに伴って売り上げは当然減少していきます。現在も若い顧客層の取り込みができておらず、顧客年齢は上昇し、60歳以上の顧客が目立つ状況です。どこのMDも売れ筋に集中し、展開方法もただブランドが並んでいるだけなので同質化し、店舗名を変えたとしても同じ店にしか見えません。

売り上げの衰退は百貨店だけの問題ではなく、仕入れ先であるメーカーにも大きなダメージを与えています。単なる売り上げや利益の欠損だけでなく、ブランドにとって最も重要な「イメージ」のダウンが大きな問題なのです。集客力やブランド力の向上に魅力があった百貨店の売り場は、もはやその存在意義を見出すことが難しくなり、百貨店に新規出店してもメーカー側に大きなメリットはないどころか、逆に内装費や人件費、在庫などの経費で赤字要因になりかねません。

●メーカーによる小売り進出

賢明なメーカーは、新たな出店先を求めてタブーに挑戦し始めています。百貨店ブランドを駅ビルやファッションビルで展開し始めたのです。さらには路面にも進出し、自店だけで集客・運営していけるノウハウを手に入れました。メーカーは物づくりが本業ですが、百貨店のおかげで鍛えられ、物づくりと販売の両方のノウハウを得たのです。

こうなれば、集客のできない百貨店に頼る必要はありません。生産量の維持を考えれば、百貨店内の既存店舗を閉鎖する必要はありません。地方や郊外の不採算店を継続することを条件とすれば、売り上げも良く利益も出ている都市部の店舗の値入率を上げる交渉ができるのですから。

ここへきて、大手のファッションメーカーであるTSIホールディングスやワールドが、数百店規模の店舗閉鎖を発表しています。ブランドの再編や廃止による閉鎖以外にも、ブランド店舗の削減もかなりあるようです。大手メーカーほど無駄な店舗を抱えている余裕がないのです。それほど店舗を維持することは経費負担が大きく、それ以上に店舗数が多いことにはメリットよりデメリットのほうが大きいということでしょう。大量生産・大量販売のために無駄な、当初からバーゲン販売量まで設定された生産計画ではやっていけないということです。

毎年少しずつ（近年は大量に）残る在庫の処分が重荷になり、危険水域に来ていることは間違いありません。現在の生産量を維持するためには販売チャネルの変更による販売量の拡大が不可欠ですが、それでも生産量を減らさなくては厳しい状況が続くでしょう。大量生産・大量販売が可能な時代は、一部の国際的企業を除いて、大多数のメーカーにとって終わったのです。可能なのは通年の定番商品ぐらいですが、「他では作れない」という絶対的条件が必要です。それができるのはほんの一部のメーカーしかありません。この分野でも、大手は従来通りの「他でも作れる」素材で「前年通り」にモノを作っているだけです。そこから脱皮しない限り、生き残ることはできません。

小売業がＳＰＡ（製造小売業）に進出して生き残りを図るからには、メーカーも小売りに進出しなければ生き残れないのは時代の要請です。店舗を持つには大きなコストがかかりますが、消費者ニーズに応える確実なＭＤと情報発信ができれば、一等地に豪華な内装の店舗を展開する必要はありません。今はどんな一等地でも集客できるわけではなく、逆に商店街の外れでもお客様は来ます。実際、一等地で偶然入って来るお客様よりも、ネットで十分に情報を収集し、買う気満々で来るお客様のほうがどれだけ効率が良いでしょう。１００人の冷やかし客より1人の目的買い客のほうが確実なのです。時代は変わったのです。

ところが、ネットとどう連携するかというレベルにまで、メーカーのネット販売は至っていません。商品の羅列に留まっていて、百貨店と同じレベルです。もっと工夫が求められます。即日配達や即日修理などのサービス機能は当たり前として、メーカー直営のネットだからこそのサービスが求められます。そうでないと消費者は満足しません。リアル店舗と連動してこそできる顧客サービスは、ぜひ早急に開発してほしい機能の一つです。

メーカーは今も昔も価格設定権を持っていますが、値下げは百貨店主導で、それに合わせざるを得ませんでした。しかし自社運営の店舗やネットであれば、決まりきったバーゲン時期に値下げをしなくても自由裁量で早めの処分ができ、逆に時期を遅らせることもできます。百貨店にこれまで支払っていた経費以上に見合う利益を確保できることは間違いありません。それ以上に不採算の百貨店内店舗を撤退させるだけで利益水準は大幅に向上し、ネット事業にもっと真剣に取り組めばテナントビルの店舗に経費もかけられるでしょう。

●海外チャネルの開発

海外進出という道もあります。ファションの場合はサイズ展開の問題があるので東南アジアに限定されるでしょうが、積極的に出店すべきです。海外というとパリやニューヨークを思い浮かべがちですが、これから経済が伸張し、日本に対して大きな憧れを持つ国々が存在するのは、欧州でも米国でもありません。また東南アジアというと工場進出しか頭にありませんでしたが、今後は消費地として見直すべきです。国内展開しか頭になかった時代は去りました。これからの「国際化」とは、海外消費者に向けた本格的な進出を視野に入れた戦略が端から練られなければならないことを意味します。国内しか視野にない企業や、インバウンドだけを頼りにしている企業に、明日はないのです。

日本では有名でも海外では無名なので売れないのではないか、という声をよく聞きます。その通りです。何もしなければ売れませんし、売れるはずがありません。それはどこの国でも一緒で、国内出店でも同じことが言えます。実際、中国に出店したメーカーはあまり業績が良くありません。アジアで最大の市場を持つ巨大な高成長国家ですらうまくいかなかったのに、東南アジアで成功するはずがないともよく言われます。

メーカーで東南アジア進出が成功した例は、自動車と家電・ＰＣぐらいしか思いつきません。東南アジアで絶好調という小売業も見かけません。華々しく進出して倒産したヤオハンを思い出す人も多いでしょう。日本での成功を後ろ盾とした、「当然知っているだろう」式の傲慢な出店が災いしたのではないでしょうか。メード・イン・ジャパンは世界一優秀だから日本仕様のままでよいという驕り（おご）の上に立った進出だったのではないでしょうか。メード・イン・ジャパンのほとんどが中国や東南アジア生産だったことはすっかり忘れて。

展開国の明確なターゲット実像やニーズを捉えて商品開発するぐらいの器量がないと、成功は覚束（おぼつか）ないでしょう。求められているのは、その国に特有の消費者ニーズに合った素材や機能などがある商品であり、日本のメーカーはそれに対応するだけの開発力を持っています。そこまでの対応は小売業では難しいでしょうが、メーカーなら簡単なはずなのです。しかし日本のメーカーは、ガラパゴス化（※４）と言われるように、国内の消費者向けの商品をそのまま海外で販売するだけになっています。これでは現地の消費者ニーズに対応できず、売れるはずがありません。

海外展開の成功事例としてよく引き合いに出されるのは、韓国のサムスンが日本の東芝やシャープを駆逐し、東南アジアでシェアを確保した戦略です。サムスンは、正社員を1年間、当該国に送り込んで国民性や消費者特性、ヒット商品の理由など綿密な市場調査を行い、当該国の生活事情に合った商品を開発したうえで進出して市場を創り出しました。さらに徹底したイメージ戦略を採り、安易な価格戦略やディスカウント戦略ではなく、徹底して消費者ニーズに沿った商品を送り込んだのです。低所得者向けには機能を絞った製品を、中流消費者が多い国には生活が便利になる新機能製品を、高所得者が多い国にはブランド品の最高機能機種を提案する。このように、各国・地域の消費者の実像に合わせた展開で、消費を促していきました。これで受けなければ世界中どこへ行っても売れないでしょう。

日本のメーカーがガラパゴス化してしまっているのは、製品だけでなく、その販売方法も然りなのです。インドやインドネシアなどには圧倒的な低所得層がいますが、日本企業

※4　ガラパゴス化＝孤立した環境（日本市場）で「最適化」が著しく進捗すると、エリア外との互換性を失って孤立して取り残されるだけでなく、外部（外国）から適応性（汎用性）と生存能力の高い種（製品・技術）が導入されると最終的に淘汰される危険に陥るということ。

はこの層をターゲットに想定していませんでした。日本ではガムやタバコをはじめとする食品などは複数点が包装されているのが当たり前ですが、これらの国ではバラ売りが当たり前です。複数点は買えないし、それだけの量は必要ないからです。バラ売りのほうが圧倒的多数の消費者に、圧倒的に、数量的に、売れるのです。ローンや分割払いも存在しません。定収入のある人が少なく、信用取引が存在しないからです。銀行もまとまった金額を借りる人にしか貸しません。そういう現状があるからこそ、バングラデシュのグラミン銀行は、農村の貧しい人たち（9割が女性）に無担保で低額融資をすることでノーベル平和賞まで獲得しました。東南アジアの国々は、生産国であると同時に消費国になりつつあるのです。

これからは、メーカーが小売り＝直販に真剣に取り込まなければいけない時代です。効率の悪い百貨店に出店するのであれば、路面でもファッションビルでもフルラインMDを展開した1店舗のほうが、家賃を払ってもおつりが来るくらいです。ただ、店舗展開するためには、外部から優秀なディレクターあるいはマーチャンダイザーを招聘し、百貨店内店舗とは違った年間長帳のもと、積極的にMDを編集・展開するのです。自社存亡のカギを他社（百貨店）に握られているより、自社による商品展開チャネルの開発を急ぐべきです。

今改めて、日本の技術で市場を創る

今、日本の物づくりが世界の注目を集めています。日本の職人や匠の技、伝統商材を中心に、官民一体となった「和」の売り込みが至るところで行われています。しかし、現実はあまりうまくいっていないようです。寿司が突出して、次に日本酒が売り込まれていますが、日本の隠れた優れた技に焦点が当てられているとは言えません。

ファッションで言えば、日本の「カットもの」は東京の台東区や墨田区を中心に、世界有数のラグジュアリーブランドが製造委託している企業が何社もあります。その縫製技術や仕上げ能力は、世界に比肩する者のないほど高いレベルなのです。しかし大量生産向きではないため、単価が高く、日本企業では扱えていません（※５）。皮革製品についても、イタリアやドイツの職人が舌を巻くほどの技術を誇っています。にもかかわらず、ブランド名で劣るため、10分の１以下の工賃、20分の１程度の上代に甘んじるしかないのが現状

※５　海外ブランドによる日本の技術活用＝日本のメーカーの技術を使って作られている海外ブランドの商品はたくさんあります。代表的なラグジュアリーブランドの商品例を挙げると、シャネルのＴシャツ、ティファニーのアクセサリー・指輪、エルメスのスカーフがあります。

です。

これらはともに、商品を下支えする技術は世界有数でも、商品の優劣を決定する「デザイン」が劣っているからに他なりません。機械系ではデザイン以前に「性能」が問われるので、ソニーやトヨタが世界に進出できましたが、消費者が望む時代の「デザイン」においてはアップルやメルセデスには勝てていません。現代の商材のほとんどは西欧文化を背景にした発明品が主体なので、日本発信のデザインがどうしても二番煎じになるのは否めないと指摘する人もいます。確かにそういう側面はあるのでしょうが、そもそも日本では発想の自由さの前にどうしても「大量生産しやすさ」が求められ、それがデザインをつまらなくしているように思うのです。物づくりのすべての問題の根源がここにあるのではないでしょうか。

「大量生産→効率化→低価格化→そうでなければ売れない」という思い込みが根強くあり、それゆえに「少数の良い顧客開拓」へ向けてリスクを負う小売業が少ないのです。これまで少数の良い顧客に対しては高額品を提案するのが常で、いわゆる「高級品」として販売してきました。しかし今は単なる高級品では共感を得られません。本書では画一・大量消費から個別・こだわり消費に移っていると指摘してきましたが、だからこそライフスタイルを豊かにするデザインを独自の技術で表現した「高品質品」が響くのです。

このような商品の提案は、現在も多くの良質顧客を抱える百貨店が率先すべきです。企業規模的にも企業イメージ的にも百貨店がベストです。高品質品が少しずつでも消費者に認知されれば、メーカーも次の販路拡大につながります。百貨店にとっては、次の顧客開拓につながる大いなるツールになるはずです。百貨店のＰＢやメーカーとのコラボ商品としても可能性があり、複数の百貨店で共同イベント化するのもおもしろいと思います。ただし、1回限りの単発的なイベントではなく、ある程度の継続展開と型数の製作が必要です。そうしなければ消費者の目に届きにくく、「どうせ無理」という諦め感が醸成されてしまうことがよくあるからです。メーカーも一過性の案件では企業を維持できず、従来通りの無難な下請けの道を選んだほうが楽という結末を招きかねません。

世界有数と評価されるメーカーの技術力は意外と紹介されておらず、ほとんどの場合、お付き合いのある同業か素材を提供してくれる素材メーカーで認知されているレベルです。元受先の海外ラグジュアリーブランドが公表を禁じているケースも多いため、メーカーや小売業者にはほとんどその技術力が知られていません。結果、少量生産の高品質品は、国内で生産されているにもかかわらず、国内では出回ることがなくなってしまうのです。

この問題を解決するためにも、デザインが最大の課題になります。今の若手デザイナーは西欧に引け目を感じていませんし、それだけに従来にはなかった自由な発想によるデザインを生み出す可能性があります。若手のインキュベートが今こそ必要です。ただ、メード・イン・ジャパンのデザインは必ずしも日本人デザイナーがする必要はありませんし、海外デザイナーではいけない理由もありません。既存のイメージを排してグローバルな視点でデザインできれば、どこの国のデザイナーでもかまわないはずです。世界の一流デザイナーと世界一流の技術で物を作れて初めて、世界に打って出られる商品ができると思います。

デザイン料は日本基準では破格にならざるを得ないでしょうが、これらのリード資金は国が基金を設けて国内メーカー振興策にすべきでしょう。物づくりの拠点は全国に点在しているのですから、日本振興策として取り組めば観光に次ぐ目玉になることも期待できます。これが実現すれば、日本の物づくりにとって大きな目標ができ、それに伴って世界に誇れる「デザイン大国化」への道も拓けてきます。

若い人たちのモチベーションも大きく上がると思います。現在は台東区が物づくりの補助政策や振興策を積極展開していますが、国政レベルで全国的に取り組まれれば地域限定だった技術をもっと広く知らしめることができ、他産地や他国との技術交流によってレベルの向上や新技術の開発につながることも考えられます。相互刺激によって、より良い物づくりができる土壌が醸成されると思います。ぜひ百貨店が火付け役となって、至急取り組まれるべきです。

高品質品は百貨店では伊勢丹の婦人バッグぐらいでしか取り組まれていないのが現状ですが、メーカー側も単独ではなく数社が横断的に取り組めば、もっと速く多くの百貨店が導入できるようになります。現在の百貨店からはなかなか申し出がないでしょうから、小売業全体として真剣に取り組めれば、必ずや大きなムーブメントを起こすことになるでしょう。

次に、日本のメーカーは世界に冠たる素材や技術を使って、「機能」を売り込むべきです。前述しましたが、ユニクロが低価格帯商品の分野で断トツの売り上げを誇るのは、オリジナル商品に時代が求める機能をしっかりと組み込んだからです。これからの消費者ニーズとして間違いなく拡大するキーワードに「スポーツ」がありますが、この市場を創る具体策は機能の開発です。いかに時代をリードするデザインに新機能を付与するかが物づくりの肝になります。

また、日本の素材メーカーの開発力は世界的に一日の長がありますが、製品メーカーはそれらの新素材を使うことに抵抗があるのでしょうか、なかなか広がりません。結果、国内メーカーではなく、海外メーカーが日本の素材メーカーに熱い視線を注ぎ、その素材を使って世界的ブームを巻き起こしています。過去に何回も経験してきたことです。

三陽商会の杉浦昌彦社長は、これからの物づくりに大事なこととして、「日本の自社工場で丁寧に作られたメード・イン・ジャパンを前面に打ち出すこと」と話していました。「バーバリー」なき後、「マッキントッシュ」でどこまで戦えるのかという世の中の否定的な意見が多い中で、杉浦社長は「日本製」の凄さを改めて世界に訴えると強調していました。バーバリーはブランドライセンスで儲けを出しながら一方的に契約を打ち切られた。この悔しさをバネに、マッキントッシュの特性である防水性を打ち出しながら、素材・縫製の良さを消費者に再確認してもらい、「本物」で再び世界に打って出るとの強い意志を感じました。社長自ら2年かけてバーバリーの店舗をすべて回り、その1店舗も欠けることなくマッキントッシュへと転換させた努力と行動力には、頭が下がります。

現在、アパレル生産の8割が海外へシフトしてしまっていますが、国内に残った工場は大変な苦労をして、歯を食いしばって物づくりに邁進しています。純粋な日本工場で、日本の技術を守る技術者によって、日本製を作るという、この当たり前のことが今一番難しい状況下で、苦しくても日本製にこだわるという強い気迫を杉浦社長から感じ取りました。普段は温厚な杉浦社長のどこからそんな力が湧いてくるのかと尋ねたら、「物づくりは愉しいよ」と笑いながら答えてくださいました。物づくりは愉しいと笑えるリーダーがいるメーカーの強さを垣間見た気がしました。三陽商会の奮闘を期待します。

第6章

良質な消費文化をつなぐために

～注目企業トップと語る未来図

ゲスト

金井 政明氏（良品計画会長）

杉浦 昌彦氏（三陽商会社長）

大西 洋氏（三越伊勢丹ホールディングス社長）

Part Ⅰ

社会の課題に生活者として向き合い、「感じ良いくらし」に役立つ

金井 政明氏
良品計画会長

Profile／かない・まさあき
1957年生まれ、長野県出身。76年に西友ストアー長野（現西友）に入社後、93年に良品計画に転籍。生活雑貨部長として長年にわたって売り上げの柱となる生活雑貨を牽引し、良品計画の成長を支える。以降、常務、専務などを歴任。2008年、代表取締役社長、2015年、代表取締役会長就任。09年、イデー代表取締役社長就任。良品計画グループ全体の企業価値向上に取り組んでいる。

作為が意味をなさない時代

内野　日本のさまざまな産業が大量生産・大量販売で成長を遂げましたが、その行き詰まりが指摘され始めたのが1980年代でした。「大衆から小衆へ」「消費者から生活者へ」とも言われた時代に、一世を風靡したのがセゾングループです。まさにライフスタイル提案である「おいしい生活。」というコンセプトは、大量生産・大量販売へのアンチテーゼでした。

80年代以降、節約や身の丈に合った暮らしなど、時代ごとにライフスタイル提案がいろいろとなされてきましたが、流行的な側面や、経済が良くないから生活を見直そうというあり方が強かったように感じます。それとは違うあり方が、今のライフスタイルには求められていると考えています。

金井　モノが溢れていますからね。生活者の気持ちは「そんなに要らないよ」ということだと思います。食べるとなくなってしまうとか、洟をかめばなくなってしまうとか、そういったモノは人口の数だけ需要があり、合理的に手に入るところに人々は集まります。そうではないモノについては、ほとんど持っているわけです。もっと生活が良くなるモノがあれば欲しいけれども、同じモノはもうそんなに要らないという状態にあります。

3・11で多くの人が常識と考えていたことが自然の前では通用しないということを経験し、生き方や価値観の見直しを迫られました。それがベースとなって今、さまざまな場面で社会のあり方に声を上げるといった動きが起こっています。

この心理が商品の動きにも反映されていると思うんですね。今売れている商品は、ファッションにせよ、雑貨にせよ、小売業が仕掛けたからというよりは、自然発生的に売れているモノが目立ちます。仕掛けるということの作為が、あまり意味をなさない時代なのです。

「農とパソコン」計画

内野　売れるか売れないかには、価格が大きく作用すると言われ、ファストファッションの成功がその事例としてよく挙げられます。価格についてどう考えますか。

金井　適価であることが基本です。安ければいいということではまったくないと思います。

内野　かつてサラリーマンの昼食代は1千円と言われましたが、今は500円になっています。コンビニで百数十円のおにぎりを買って、飲みモノは家から持参するのも当たり前。この変化一つとっても、単なる価格意識の変化とは思えません、消費に対する根本的な意識が変わったのではないでしょうか。

金井　無理をしない人たちが増えましたよね。以前は良い意味でも悪い意味でも、いろんなことをバリバリとやって、時代の先頭にいたいと無理をしました。成熟社会になった今は、あまり突っ張らず、もっと心穏やかに生きていきたいというムードです。いろんな経験をして豊かになった結果として、「等身大」の生き方を志向するようになっています。ただ、豊かになった中でも矛盾がいっぱいあって、不安を抱えている人が多いんですね。

産業革命から現在のような暮らしができるようになって、まだ200年ほどしか経っていません。長い歴史で見れば特殊な時代と言えます。これだけ豊かになっても、みんながどこかに不安を抱えているのです。成熟しながら不安になっている。だから、無駄なお金を使うことはあまりなくなり、お金が回らなくなっています。今の状態を脱したほうがよいという考えから、当社では農業やローカルに着目しています。

今年も300坪ほどの農地で、機械を入れずに有機栽培で米を作りました。草刈りや田植え、稲刈りなど、1回の米づくりに50～80人、計400～500人がかかわり、5俵＝約300キロを収穫できました。これを商品として売るとすると、価格は4万円になります。1俵8千円ほどです。

内野　300坪で5俵しか米ができず、価格は4万円では農家として成り立たっていきませんね。

金井　里山で農業をしていても生活ができないため、移住を希望している農家の方々もいます。それを私たちは何とか変えたいんですね。当社で農業をやるというよりは、新たな農業の仕組みづくりをしている人と農業に携わる人をつなげ、役に立っていきたいと考えています。その取り組みとして、「農とパソコン」をテーマに、里山オフィスのようなものを計画しています。

ウェブが進展した今、毎日会社に行く必要はなくなっています。週に1回出社して打ち合わせをしておけば、実際の仕事は家でできてしまう。その一方で、「田舎に帰りたい」「田舎に移り住みたい」という人が増えています。でも、それでは食べていけないから移住できないという現状もあります。

それならば、パソコンを使う仕事をしている社員は週1回だけ出社して、あとは田舎にいてもいいという仕組みを作ればいいのではないか。会社の仕事以外の時間で農業をして、プラスアルファの収入が得られる。このような形で、移住した人たちとともに米を1俵8千円にしない仕組みを作りたいんですね。

今、都会に暮らしている人の多くは、ふるさとがありません。私たちの田んぼに田植えや稲刈りに来ている人たちも、子供が小学生ぐらいで、ふるさとがないんですね。日本の田舎には今も歳時記や祭りなどの年中行事が残っていて、山菜採りや蛍狩りなど季節ごとにさまざまなことが体験できます。そうした機会に「いつでも帰って来ていいよ」と言える関係ができたらと思うのです。このような意味でのふるさとがあれば、稲刈りも手伝いに来るじゃないですか。都会の人が帰れる場所をつくり、そこで生産する野菜や米、味噌、醤油、酒などを生活者がダイレクトで買える構造ができれば、移住した人たちも生活していけると思うのです。

「感じ良いくらし」のデザイン

内野　墨も同様です。作るのに7日前後かかって、1俵3千円前後ぐらい。このような商材はどうしたら売れるのでしょう。

金井　視点を変えてみることが大切だと思います。今、目の前の机の上にも見えない菌がいっぱいいます。消臭・芳香剤をかければ済むことでもありますが、何か味気ないですよね。そこで墨の効力を生かす方法を考えてみる。例えば、墨を卵型に削り出して4個1パックで提供したらどうでしょうか。インテリアにもなり、冷蔵庫の卵ケースにも入れることができます。

このようなことを当社では、「良心とクリエーティブ」と表現しています。クリエーティブが入ることによって「なるほど」という「楽しい納得」が生まれる。そういう世界はマーケットを創ると思うのです。

内野　デザインやクリエーティブを入れることで、価値を変換するのですね。

金井　それまでは地域で負だったものも、ちょっと局面を変えることで楽しいことに切り替えていくことができます。農家の息子さんにとって田植えは面倒なことかもしれませんが、都会暮らしで田植えをやったことのない人たちにとってはレジャーになります。雪下ろしも大変な作業ですが、インドネシアやタイの人たちにとっては楽しい体験かもしれません。このような価値変換ができる時代になってくると思うのです。

現代人がなくしてしまったものは、大きく二つあります。一つは助け合うこと、互助という意味での共同体です。もう一つは、自然との共生です。この二つを取り戻すことが今、世界的に必要になっていると感じます。この二つはアジア、特に米を作っている民族の専売特許でした。西欧にはもともと自然との共生という考え方はなく、いかに自然を利用するかという考え方をしてきました。共同体についても、米を作っている民族のほうが、水を分け合うなど助け合うという意識があります。このような考え方や意識が、資本主義の行き過ぎに直面した世界には必要だと思うのです。そこでは今までの経営のロジックなど役に立ちません。

内野　単にモノを売るのではなく、どういう形で生き残るか。そういう思想を持ってビジネスを見ていかないともう無理でしょうね。単に高い安いという価値観でモノを作って売るとか、数を作らなければ安くできないといった発想自体がすでに過去のものです。成熟社会において、消費者は何を一番重視すると思いますか。

金井　私は「感じ良いくらし」と言っています。今までは「豊かな生活」を志向していたと思うのですが、そのレベルではなくなっています。「感じ良い」とは、自分だけが良いということではありません。人に対しても、地球に対しても、相対的な関係に配慮して慎みながら暮らすことから得られるものです。

３・11の直後、当社ではこんなことがありました。本社オフィスは8階にあるのですが、エレベーターをすべて止めたのです。社員は8階まで階段を上がってくることになります。すると、「健康に良いですよね」という声が挙がったんですね。電気も半分切ったのですが、「これでも十分仕事できますよね」と。これが

「感じ良い」ということです。

内野　それは単なる我慢とも違いますね。

金井　我慢が感じ良いと感じるのは、社会の役に立っているからです。震災後に電気が不足して協力し合わなければいけない時に、自分もそこに参加できているという状態は感じ良い。「これがいい」という断定ではなく、「これでいい」という抑制です。

「これから人類は大変だよ、資源も食糧も枯渇していくから我慢してよ」と言われたら、我慢できませんよね。私たちは、これから先、人類が１００億人になるから我慢しろとは言いません。大事なのは、そういう社会が想定される中で、みんなが欲しくなるデザインや姿を見せることです。当社では再生機能しかないＣＤプレーヤーを販売していますが、これなどは典型でしょう。豪華ではなく極めて簡素なデザインと機能なのですが、世界中で売れています。お客様は「これでいい」と好んで買っているのです。

内野　思想とデザイン、良心とクリエーティブが通っているからだと思います。ともすると私たちは、暮らし方という人間の基本部分で上へ上へと目指しがちです。その一方で、なぜ二番じゃいけないのかという世代が出てきています。それはギャップというよりは、そもその暮らし方の方向性が違うというか。「これでいい」ということなのかもしれません。

金井　「楽しみたい」という思いは変わらずにあると思うのです。２０５０年位には団塊世代という一つの大きな高齢者の塊がなくなります。その後、どういう価値観を持って安定した社会構造を作るかが大切です。

先日、戦後間もない頃に新潟で撮られた家族写真を見ました。冬の田舎の家に家族が集まってお茶を飲んでいる光景です。

子供たちの表情を見て、まず感じたのは謙虚さでした。冬場は内職をやっているとか、正月には親戚・近所が集まって餅つきをするとか、そういうことが日常的にあった時代。当時の人たちは子供も含めて、自然に感謝していました。子供たちは自然に「ありがとう」と言って手を合わせて、その手はしもやけで……。謙虚で、素直で、我慢強く、その目には希望があります。

この写真が撮られた時代、55年の日本のＧＤＰは８兆３８００億円で、今は約59倍の４９０兆円になっています。その間、子供たちはどうなったのか。今や謙虚ではなく、傲慢とも言える状況も目にします。理屈も言います。忍耐もなくなり、大人になっても我慢できない人がいっぱいいます

これだけの経済になって、みんなが不安を持っていて、お金を使わない。これはもう病です。成熟して等身大になったと言われますが、人間社会が劣化しているとも言えます。ここを治していかないと、50年以降の社会づくりにまではいかないのではないかと思うのです。

内野　社会的課題にまで企業が踏み込んで、解決の役に立っていくことが必要な時代になったということですね。

金井　戻すためには何をしたらいいのか。当社では、食べ物を自分で作る活動をしようと

考えています。

今、ＮＰＯなどが「いのちの授業」の一環で、鶏をさばいたりする授業がありますよね。でも、大半の親御さんはお子さんを参加させません。子供はチキンがおいしいことは分かるわけです。その鶏を誰かがさばいているということも徐々に分かってきます。でも、鶏をさばくということを教えなければ、その誰かは同じ人間だけれども自分よりも貧乏で、そういう人たちの仕事だと思い込んでしまうかもしれません。これは具合の悪い社会です。西洋ではそういうことは罪人や奴隷にさせてきたから、「ごくろうさん」とか「おつかれさま」といった言葉はありません。１万円を払ったら１万円の仕事をするという契約の関係です。日本は違います。

今、西洋的な民主主義や資本主義は硬直しています。ＲＯＥは20％残せとか、10億円を投資するから５年後に20億円にしろとか、こんな金が金を生む社会が持つわけがないと思います。日本人はもっと生きるための原点的なことにかかわったほうがいい。今の食糧自給率では現実問題として食べものが足らなくなるのですから。だからこそ、当社ではもっと農業に取り組んで、家庭菜園の仕組みを作ろうと考えています。土も食べ物も自分たちで作るという活動です。

文化を出発点として、役に立つ

内野　精神的にも、物質的にも、さまざまな関係においても、日本社会の足元が不安定という感じがします。中国人の爆買いにしても、中国がビザをちょっと止めたら終わってしまうでしょう。つい先日も、関税が少し変わっただけで、関税特区では24フィートのコンテナが山積みになっていました。そんな状態になってしまうわけです。

金井　変な作為をしてもしようがないんですね。最も重要なテーマは「役に立つ」ということです。私たちが中国やヨーロッパなど海外で商売をさせてもらう時にも、基本姿勢は役に立つことだけ。その結果が、売り上げや利益になっていくのです。では、私たちはどういう役に立てるのか。前述したような、日本人が持っていた価値観で役に立つのです。

中国に行った時に、現地の人からこんなことを言われました。中国の紀元前には老子や孔子などがいて、人間の根源に通じるさまざまな思想を残しました。このような素晴らしい文化が今の中国では薄まっているけれど、それが日本の無印良品の中に残っていると言うんですね。例えば、楚の時代のモノはとてもシンプルです。そういう背景がある中国で、日本の文化は絶対に役に立つと思っています。

内野　日本は自然と共生してきた国の一つですが、アメリカ流の近代化と効率化にならった金権至上主義になってしまっています。ROEばかりを見て、株式投資で18カ月で返すのがトレンドだとか。

小売業は、目の前にいる、商品を買ってくださっている人がお客様です。そこを間違えてしまうと、単にモノを作って、金さえ入ればよいということが仕事になってしまいます。

それは違うという視点に立った時に、無印良品の文化に対する考え方と、それに沿った商品力の強さに戻ってくると思うのです。

金井　国は国民のため、家庭は家族のため、会社は社員のためにあります。金を積んで金が増える社会ではつまらないでしょう。株主には嫌われるでしょうが、売り上げや利益を出発点にしていては、もはや企業は通用しません。文化を出発点にして、役に立つこと。その結果として、世界トップクラスの高収益企業になることが当社の目標です。最初から儲けを狙うのではなく、この順番で儲けるということです。社会の課題についてみんなで雑談をしながら、どういう生活がいいのか、だからどんな商品がいいのかというふうに進めていく。まだまだ途上ですが、そういう順番をちゃんと踏める会社にしたいんですね。

仮に当社がホテルをつくったら、エントランスに停まっているのはフェラーリとかベントレーはなく、「ＭＵＪＩチャリ」です。それが価値観なんですね。お客様を収入や暮らしぶりで区別するのではなく、宿代を安くしたい人にはこういう部屋もある、広い部屋を望むのであればこういう部屋もある。お金がある人が泊まるホテルでもなければ、お金がない人が泊まるホテルでもない。簡素で何もない非日常を提供するようなイメージです。他にも、老人ホームやレストランなどやることはいっぱいあります。

それらを事業にするというよりも、必要に迫られて入っていくという感じです。住宅もそうでした。日本の住宅は25年でただ同然になってしまうんですね。35年ローンを組んで家を買って、子供も家を出ていったから、これからは駅前の便利なマンションに移り住もうと思っても売れない。こんなことでいいのかと思って、住宅をつくりました。

そういう考え方でさまざまな分野に進出しています。すべてを自分たちで経営するのか、コンセプトとデザインの提供に留めるのかは、事業の性格に応じて判断していく。子会社をたくさんつくってグループを拡大しようなどとは考えてもいません。

内野　「感じ良いくらし」に必要な考え方とかノウハウはあるのでしょうか。

金井　私たちが持っている思想や考え方は、さまざまなことに生かせると思っています。ホテルや老人ホーム、あるいは道の駅やシャッター街化した商店街……そういったことにすべてかかわれる。そのメリットは何かと言えば、社員が育つことです。さまざまなことにかかわって、自分で課題を見つけ、考え、実行できる社員が育つ環境をつくりたいということです。これからはワーカーではなく、プレーヤーが求められます。

お客様自身が発見と気づきを得る

内野　小売りの旧勢力が苦戦を続ける中、急速に伸びているのがEコマースです。御社はどのようにネットを捉え、取り組んでいますか。

金井　Eコマースは最短距離でモノを配るというロジックです。いろんなブランドや商品をひと目で見ることができ、価格も比較できる。確かに便利ですが、私たちがやっているのはモノを配る商売ではないと思っているので、別の角度からネットに取り組んでいます。私たちの興味が向いているのは、コミュニケーションです。社会にはいろんな課題がありまず。それは一人ひとりの課題であり、企業の課題でもあります。この社会の課題を一緒に考えましょうというのが、当社のスタンスです。例えば環境問題も、本来は環境問題ではなく人間問題であり、そういう視点で一緒に課題を考えていきたいと思っています。

ただ、それを短絡的にCSR（企業の社会的責任）と結びつけることはしたくないので、CSR報告書も作っていません。その代わり、頑張っている社員やお客様、つまり人をウェブ上でどんどん紹介しています。当社はこんなことをしていますというのではありません。頑張っている人を紹介することで、何を考えている会社なのかを間接的に伝えているのです。そういうコミュニケーションのツールとして、ネットを位置づけています。

内野　消費者の価値観の変化とか、いろんなものが変わっている中で、リアルな売り場ではどんな展開を考えていますか。

金井　売り場を地域に開放する、売り場を地域の人のための場にしたいと考えています。その取り組みとして、大きい店舗では「Ｏｐｅｎ ＭＵＪＩ」というスペースを展開しています。地域のクリエーターや作家などイノベーションに取り組んでいる人たちがこのスペースを使って、私はこうやって米を作ってこんな生活をしていますとか、こんなふうにリノベーションをしてこんなことができましたとか、トークイベントなどを実施しています。九州の店では地元の若手能楽師による能楽に関するトークや実演を行ったこともありました。そうやって、売り場を地域に開放することをしています。

これを「土着化」と呼んでいます。地域の課題、例えば空家が増えているとか、商店街が疲弊しているとか、里山をどう守るかとか、そうした問題意識を持った人たちがウェブでつながり、売り場でお客様に伝えるスペースです。

無印良品の旗艦店である有楽町店では、モノと本をつなげています。商品だけでなく、2万冊の書籍を展開しています。「感じ良いくらし」とはどういうことかを発見したり、ヒントを得られる場にしたいのです。

すでにあるモノは需要がないので売れませんが、「感じ良いくらし」に必要なモノだったら売れます。そこに気づいてもらうためのヒントのような商品にまつわる情報は、少し大きなボードを使って、どんな人が作っているのかなどの情報を発信しています。また、「感じ良いくらし」の情報は、さまざまな本の中にもありますよね。お父さん、こんなところがあるんだねとか、今度旅行に行ってみたいねとか。そういう気づきやコミュニケーションを生む情報が本の中にはあります。

「感じ良いくらし」を、お客様自身が発見したり、気ついたりする。お客様が見つけてくれれば需要は広がると思うのです。こうしたらテーブルってこんなにおしゃれになる、こんな器を使ったらもっと素敵だよね、ということを発見してもらうのです。

内野　その気づきや発見をお手伝いするのが人、つまり現場のスタッフです。グローバル化も進む中で、海外店舗のスタッフも含め、現場の人たちとどのようなコミュニケーションをしているのですか。

金井　「問いを立てる」ことが大事だと考えています。無印良品の一番すごいところは、「実態がない」ということです。概念だから答えがないんですね。答えがない中で、毎週の商品開発会議でも「無印良品って何だ？」「良品って何だ？」という議論をいまだにやっています。これが財産なんです。

　特に海外の人たちは、無印良品という概念に対して明文化されたものをほしがります。でも、ない。だからこそ、問いを立てるわけです。その一つとして、毎年開催しているデザインコンペ「ＭＵＪＩ　ＡＷＡＲＤ」があります。主旨は、新しい無印良品を発見することです。２０１５年は「未来のくらしに続くデザイン」をテーマに中国で開催し、49カ国から４８２４点の応募がありました。受賞作品は開催国や周辺国・地域で展示し、その後日本国内を巡回するという流れです。

　無印良品とは何かを考えるヒントとなるものを、私たちが現場へ行って、いわゆる役員行脚をしてお話ししています。店舗の人たちに集まってもらって、1日に3回ほど講演します。

　また、『素手時然（そしゅじねん）』という書籍も発刊しました。そのままの「素」、モノを作る「手」、経年の「時」、自然を表す「然」。この四つのテーマで章を構成し、作家などいろんな人たちの文章を紹介しています。これを海外のスタッフ用に翻訳もしてみんなに読んでもらう。自分たちで無印良品を考えてね、というものです。

生活者として「ワクワク」するか

内野　ビジネスとしてのグローバル展開では何が課題でしょうか。

金井　新たなサプライチェーンマネジメントの確立です。リピート商品については、店舗からその国のセンター、グローバルセンター、さらにサプライヤーを経て供給されているのですが、これを誰も発注しないでモノが動く仕組みにするのです。需要予測と補修をするロジックづくりです。アパレルはモノを動かすのが比較的簡単なんですね。中国で作ってアメリカやヨーロッパへ出せる。でも、生活雑貨は多様なので、生産・物流をコントロールできている企業はありません。その仕組みが実現すると、生産や物流、在庫が適正化され、世界ほぼ同一価格で販売できるようになります。

その次の段階として、日本で取り組んでいる「土着化」を世界で始めます。各国のクリエーターに売り場を開放するのです。

内野　大変興味深い取り組みです。最後に、物づくりについてうかがいます。先ほどのデザインコンペもおもしろいのですが、物づくりは無印良品の商品力の根幹です。

金井　今の私の役割は無印良品というものをしっかりと生み出せる会社にすることです。それができる社員が育つ仕組みをつくっていくことだと思っています。

正直、リーマンショックのあたりで、危機感を持った時期がありました。社内を見渡すと、社会の問題に対してシンプルに発想して物づくりをする人がいなかったんですね。どうしても売ることが先に立ってしまったりするわけです。

これはまずいと思って、毎週一度に商品部、販売部、宣伝販促室を集め戦略商品を研究する場を設けました。現在も続けています。大学や研究所とも一緒になって、商品の機能や素材などを研究し、改良してきました。だから今、商品と売り場と宣伝がぴたっと合っていると思うんですね。それや市民発の発想と視点で行れるようにするために、社会の問題にどんどんと社員を絡ませています。そこからどういう生活が感じ良いかを発想し、だからこんな商品があったらいいということを実現できるようにしていく。日本の大企業がおかしくなってきているのは、それが分業になって、バケツリレーのようになっているからです。

内野　具体的にはどのようなことをされているのですか。

金井　物づくりには四つの段階があります。最初は社会を考え、生活を考えて、こんなモノがあったらいいというアイデアを出します。この段階を「河原」と言っています。次にアイデアを製品化するわけですが、そこにはさまざまな試練が待っています。この段階を「谷」と呼んでいます。谷を越えると、目の前には「海」しか見えない状態になります。この海を渡らないと、せっかく開発した商品はお客様に届きません。どうやってお客様に伝えていくかという、マーケティングが必要です。それができて初めて、「島」という楽園に辿り着くことができる。

たいていの場合、商品企画の人間が良いアイデアを出しても、他の部署からそれぞれのリスク問題が出されます。そうなるとアイデアを出した本人もひるんでしまう。リスクの言い合いから入るから、良いアイデアも駄目になっていくのです。

そうならないために当社では、先ほど述べた物づくりの4段階に工夫をしています。まず、みんなが絶対にワクワクして喜ぶというアイデアを、商品企画が出します。そのプレゼンの場には、できる限りすべての部署の人間がいるようにして、全員をワクワクさせることを重視しています。プレゼンには、みんなが生活者として出席する。生活者がワクワクすることが大事だからです。次に、そのアイデアを商品化してお客様のもとに届いた状態、つまり楽園をみんなが思い描く。生活者として楽園を見て、それから谷に入るという順番にしています。

内野　楽園という共通イメージ、共感があるのとないのとでは、その後の展開は大きく違ってきます。その楽園が生活者にとってのものであるという認識は、無印良品の大きな強みだと思います。ありがとうございました。

Part Ⅱ

着る人にとって本当に良いモノを作り、メーカーとしての総合力を磨く

杉浦 昌彦氏
三陽商会社長

Profile／すぎうら・まさひこ
1954年、愛知県生まれ。76年、慶應義塾大学経済学部卒業、三陽商会入社。紳士服事業部ポール・スチュアート部部長兼スポーツブランド部部長、執行役員紳士服営業統括部長、取締役兼常務執行役員事業本部第一事業部長。取締役兼常務執行役員事業本部バーバリー事業部長、常務取締役兼常務執行役員事業本部バーバリー事業部長、専務取締役兼専務執行役員事業本部長を経て、07年代表取締役社長兼社長執行役員兼事業本部長。14年、代表取締役社長兼社長執行役員。

感度と価格という問題

内野　今、ファッションに限らず、モノそのものが売れていません。消費者ニーズがモノ寄りからコト寄りに変わったからだとか、消費者のライフスタイルが大きく変わり、消費自体や所有することの意味が変わったからなどと言われますが、杉浦さんはどう捉えていますか。

杉浦　モノが売れない原因としては箪笥在庫が増えたことなど、いろんなことが言われます。確かにそれもあるとは思いますが、私は消費者の感度が変わったと感じています。その感度に対して、価格も含め、要望にはまるモノを提案できていないのでないかと思えるのです。

以前は「これはいい」と感じるモノは、みんなが持っていました。長く着られるのは良いモノだという共通認識があったのです。昭和50年代に、私はヘリンボーンのシャドーのカシミヤにダブルのブレザーというコーディネートが大好きで、「こういうのがあるっていいなあ」と思いながら丁寧に着ていました。

今はそういう感覚の服が少なくなりましたね。どうしても価格競争に陥ったり、売れ筋を追いかけざるを得ないという事情も影響しています。お客様はそのブランドにしかないアイデンティティーを求めているのに、どんな要望にも応えるという全方位の物づくりをしているから、同質化してしまうのです。それでは「また今年もこれですか」としか思われません。明確な特徴がなくなっています。

内野　良いモノを作っても、売れないとすぐに売り場から「従来の売れ筋を」と変更の要望が出るということが多々ありますが。

杉浦　当社では販売員から、「お客様がちょっと手が出ない」と言われることが多いんですね。こんなことがありました。

11月になってコートを探しに来られたお客様が、ポール・スチュアートの商品に目を留められました。海島綿などを駆使した質の高い商品のため、11万円に価格設定したものです。お客様はお気に召したのですが、「8万円台だったら買えるのに」とおっしゃるのです。このブランドの商品は高いというイメージがあるうえに、さらに高くなったという印象を持たれた。だから、「ちょっと手が出ない」。品質と価格のバランスはやはり重要だと改めて思います。

内野　価格はモノの価値を表す指標ですが、現在はインターネットやアウトレットもあり、同じモノが同じ時期でも価格が違うことがあります。特にネットには価格がたくさん存在しますが、どうお考えですか。

杉浦　アメリカでは買う場所によって価格が異なるのが当たり前になっています。そのこと自体は一概には否定しません。一物複数価という状況は消費者から見たらややこしいだろうとは思いますが、価格をどう受け止めるかは時代の流れで変わることでもあると思うのです。

今は、5万円の商品が、3万円なら買う。2万円だったら安いと感じる。お客様は品質と価格のバランスに敏感になり、その価格になっている理由も分かってきています。お客様の目が肥えました。

返品・再生システムの構築

内野　ネット販売が急伸していますが、今後の展開予想についてお聞かせください。

杉浦　ネットが売れるとリアル店舗が毀損されるとか、売り場がショールーム化するとか言われますよね。でも、すべてのお客様がネットで買うわけではなく、ネットで買うけどリアル店舗にも行きたいという人もいるし、リアル店舗しか駄目という人もいるし、歳をとって出歩くのが大変になったからネットで買うという人もいます。お客様の多様な購買行動をカバーできることが重要なのです。こちらから売るのではなく、お客様の購買行動を受け止めるということが前提で、そこにネットも加わると考えるべきだと思います。

ネット全体の方向性としては、究極的にはお客様と対面でコミュニケーションをして、一人ひとりの要望に対応しながら販売するメディアになると思うのです。ネット電話を介して接客をするようなイメージです。そうなってお客様の購買行動そのものが変わり、流通経路も変わったとすれば、リアル店舗への影響はあるでしょうが。そこまでを視野に入れて取り組みを考えていかなければいけないと思っています。

内野　これだけＩＴが進化した時代ですからね。ただ、いくらコンピューターが発達しても、杉浦さんがおっしゃるように相対のメディアとしてのネットの進化を想定すると、やはり販売員の育成は大きな課題です。小売業の基本は変わりません。

ネット販売でもう一つの大きな課題は、返品・再生の仕組みをつくることです。私は１９８０年代後半に高島屋で通販を担当したことがあるのですが、当時は１人のお客様が同じ商品でＳ・Ｍ・Ｌの３サイズを買うことなど、まずありませんでした。あったとしたら警戒したものです。しかし今、消費者にとってはサイズ違いの同じ商品を３枚買って、合わない商品は返品するのが当たり前になっています。それを可能にする仕組みを構築したところが生き残る時代なのです。

百貨店のＥコマースが伸びないのは、いまだ返品率を気にしているからです。「構造」の改革と同時に、何が必要なのかを見極める「視点」の改革もしていかないと、どんどん時代に後れていってしまいます。

杉浦　今のサイズの話からすると、メーカーにとっては、10枚売れて３枚返ってきたとしても、百貨店の返品率より低いことになります。

内野　百貨店は今、消化や委託で仕入れて、６割以上は返品していますよね。それをどうやって再生してくかなど、まったく考えていません。メーカーは百貨店に従うものという感じです。メーカーが商品を納めてくれなければ、百貨店は成り立たないという、大前提を忘れているのです。

昔の商人は仕入先に頭を下げ、お客様に頭を下げていました。その結果、社会が良い方向へ変わっていったんですね。自ら頭を下げて三方良しを実現していくという基本を大事にしなければ、どこも良しにはならないのです。

「バーバリーがなくなったら、違うブランドを入れてくれればいい」という発言を聞いたことがありますが、そうじゃないんですね。「バーバリー」がなくなったら百貨店もその売り上げがなくなるのだから、それに代わる「マッキントッシュ」をどうやって伸ばすのかをメーカーと一緒に考えて、ブランドを育てていかなければいけないと思います。

今こそ、マッキントッシュの自店バージョンを作るとか、そういう時代だと思うのです。プロパーのマッキントッシュのほかに、自店のオリジナルを30型作り、その分は完全買い取りで仕入れる。在庫の問題も今の時代、再生システムを含めたネット販売の構築や海外販路の開拓など解決方法は考えられます。そういうことを各百貨店がやるべきなのですが、全国の百貨店が連携して取り組めばよりスケール感を持った展開が可能でしょう。現状では、日本百貨店協会が中心となって、新たな仕組みをつくることが望ましいと思います。

杉浦　在庫の問題は大きいですね。現状ではバーゲンぐらいしか処分の方法がなく、そのあり方も見直しが必要です。

在庫は最低でも4回転以上しなければ、店頭の顔が変わらないんですね。お客様にとって新鮮味のない売り場になってしまいます。かつて当社の定番ブランドは、ピーク時には14回転していました。1カ月に1回は全商品が入れ替わるということです。お客様がいつ来店しても、新鮮な商品を提供できていました。

コートなどの防寒物も、以前は11月15日を過ぎれば非ウールとウールの販売比率が逆転したものでした。しかし今は、立ち上がりの9～10月は売れず、11月になって売れ始めても、12月は暖冬で買い控えになり、1月にはマークダウンになって、結果、建値消化率は20％程度になっています。当社は1月20日までプロパーで販売していますが、それは元日からマークダウンしたのでは商売にならないからです。

内野　夏物もプロパーの販売期間がどんど

ん短くなっていますよね。４月後半に一斉に展開しても、ゴールデンウィークで売れなくなる。６月には催事があり、そのまま7月のバーゲンに突入してしまう。いつ定価で売るんだという感じです。そんなことも考えると、バーゲンの回数や時期、期間は、やはり見直すべきです。

アメリカの百貨店はどうなっているのかと思い、調べてみました。かつては11月の感謝祭が終わると一斉にバーゲンに突入していましたが、ここ4年間、バーゲンをやっていないんですね。バーグドルフ・グッドマンもサックス・フィフス・アベニューも、クリスマスが終わるまでバーゲンをやっていません。

景気が良くて、定価で売れているからです。買い取り仕入れで売れない商品だけは先に処分しています。商売の常道です。売れている時に、事前に決めていたからといってバーゲンをすることはない。アメリカ人は商売人だと思いました。と同時に、日本の小売りにはプロがいなくなってしまったと感じます。

大切なのはスピードと規模感

杉浦　91年に百貨店の売上高はピークとなり、９兆７千億円に達しました。現在は約６兆円にまで減少しています。私たちメーカーと販路である百貨店の取引構造が疲弊し、そこから生み出される商品や価格がお客様の支持を減らしているということです。この状況からの突破口として、Ｅコマースへの取り組みは避けて通れません。その際には、百貨店とメーカーが一緒になってＢ to Ｃに取り組むことが必要だと考えています。ネットの時代だからＥコマースに特化しようということではなく、もっとリアル店舗とお客様をつなげるための取り組みとして必要だと思うのです。

内野　しかし、百貨店のネットに対する認識そのものが、いまだ変わっていません。ネットは重要だと言いながら、活用策は未開発です。ネットは動画も写真も自在に載せられるにもかかわらず、中元・歳暮の電子版のようにしか考えていないのです。商品を選んで、撮影に出して、文章を推敲して……まるでスピード感がありません。世の中の変化の速度に対して遅れていて、なおかつ展開の規模感もない。ネット活用のあり方も変化が必要だと感じます。

杉浦　今、百貨店の店舗に3人の販売スタッフを配置したら、最低でも1億円の売り上げが必要になります。しかし、3千万～5千万円の店舗に、2～3人の販売スタッフをつけているのが多くのアパレルの現状ではないでしょうか。ブランドや企業の収益は1店舗、1店舗の利益の集合体ですから、その構造が崩れてしまっているのです。

当社の場合、販売スタッフの経費率は上

代の12％程度になっています。１億円の売り上げであれば、人件費は１２００万円に抑えたい。その売り上げ規模で言うと、販売スタッフは３人ということになるのです。4千万円を売る店舗に販売スタッフを２人つけたら、福利厚生も会社がカバーすると経費率は上代の20％になってしまいます。やればやるほど赤字になるということです。

内野　そうした実情は百貨店も分かっているとは思うのです。しかし共存を模索するのではなく、自身の生き残りだけで汲々としている感があります。戦後できたメーカーと小売りの利益配分や経費負担の構造が維持できなくなっているという認識を、百貨店はまず持って、今後の両者の発展する構造を模索する時期にきています。同時に、新しい売り場展開やＭＤ展開をメーカーと共同で開発すべきではないでしょうか。

杉浦　国内のアパレルメーカーでは今、ライフスタイル軸でフルライン展開するブランドをつくるとか、さまざまなブランドの大きなサイズだけを揃えたショップを展開するといった取り組みが始まっています。当社も、「ザ・スコッチハウス」と「イルファーロ」を融合し、各ブランドに４人つけていた販売スタッフを３人にして、店舗展開を始めました。

内野　そうしないとメーカーは生き残れないし、そのほうがむしろお客様はいろんなモノが見られていいのかもしれません。

杉浦　商売ですから、百貨店が交差比率を求めてくることは変わらないでしょう。メーカーも坪数をもらっているのですから、相応の売り上げをつくらなければいけません。お互いの接点を見つけることがお互いの役割だと思うのです。ただ、トレンドもニーズも販売環境も、いろんな状況が変わっていくので、やはり変化をこまめに捉えてMDを組んでいくことが基本であることに変わりはありません。

今こそ、質を高めること

内野　交差比率だけを追求していくと、売場効率のみを求めることになりかねません。その一方で、売り上げは増えなくても利益が増えればいいという考え方もあると思うのです。特に地方や郊外の百貨店は、売り上げを増やすにはキツイ状況にあります。人件費と家賃と経費を減らして利益を生むという方向へいかざるを得ない、という声を最近よく聞きます。

杉浦　もう量を追いかける時代ではありません。量ではないのなら、質を高めて、付加価値の高いモノを作って、適正価格で提案することが大切だと思います。建値消化率が上がってきたら、少し上代を下げて買いやすくするといった対応も必要でしょう。

しかし、今はメーカーも疲弊してしまっていて、まず帳票を見て、利益の出ている商品から物づくりをしてしまいがちなんですね。帳票なんて見なくていいから、川上へ行って工場を見たり、生地屋へ行ってストックを見たり、現場を見て、現場とともにモノを作るべきです。そういう物づくりが少なくなってしまったのが、アパレル業界の現状です。

　イノベーションが必要ともよく言われます。技術革新という意味でのイノベーションは基幹産業に不可欠ですが、ファッションに大切なのは、何よりもまずイノベーションを起こす人材＝イノベーターがたくさんいることではないでしょうか。物づくりだけでなく、ブランドの価値の伝え方についても、イノベーターが必要でしょう。今、雑誌を作っているデザイナーたちがデジタルサイネージに移っていますよね。そういう人たちともっとコラボすれば、雑誌よりもブランドや店舗の魅力を表現して伝えることができると思うのです。

内野　日本の小売業界は戦後70年間のこれまでのやり方をちょっとでも変えるのが不安なのです。しかし、成長時代と同じやり方を続けてきて、その成長が本当に止まってしまったという現実を突き付けられているのが今です。

　今は歴史的に見ても、ものすごく大きな変化が起きています。明治維新の頃に「今が明治維新だ」と言った人がいなかったように、何年後かに「あの時が消費維新だったんだ」と言われるぐらい、今は大きな変革期にあると思います。しかしＭＤの同質化やネットへの取り組みの遅れを見ても、その大変化に気づいていないというのが百貨店の本質なのかもしれません。

ファッションが売れないのはなぜかと尋ねても、これが原因だと明快に答えてくれる百貨店の人間はまずいません。「経済が良くなれば」とか「円高だから」とか……。そんなことではなくて、お客様が欲しいと思える商品が店頭に並んでいないからではないでしょうか。そう言うと嫌われるのですが、それぐらいの認識に立ったうえで、しっかりと現場を見て、実際にどう対応していくかが重要なのです。

欲しい情報を、欲しい時に

杉浦　百貨店は今、特にファッションについては、自主ＭＤへと動いていますよね。各社がプライベートブランドを作り、売り場を展開しています。そのことが意味するのは、一等地などの良い立地が自主ＭＤ化され、メーカーはさらに窮地に追い込まれていくということです。それは、お客様にとってどうなのでしょうか。

百貨店に出店しているブランドには、数千万人ものお客様がついています。ブランドのお客様が２千万人いたとすると、その半数位がブランドに関連するさまざまな情報を欲しています。しかし現実問題として、

1千万人に上るお客様に、百貨店が個別のブランドの情報を伝えられるでしょうか。特定の販売スタッフが好きで店を利用しているお客様も相当数います。店に行っても、その販売スタッフが休みだったら、会話もできません。それなら、今はSNSもあるのだから、お客様と販売スタッフがスマホなどで気軽にコミュニケーションできる仕組みをつくればいいと思うのです。

内野　しかし、百貨店は個人情報の流出を気にするのではないですか。あるいは、メーカーがお客様をEコマースに持って行ってしまうのではないかとか、ハウスカードのお客様を獲られてしまうのではとかが、想定されますね。お気に入りのブランドの情報を送ってもらいたいお客様に、欲しい情報を、欲しい時に提供することは、立派な顧客サービスです。

また、そうしたコミュニケーションを通して、リアルなお客様の姿を把握できるという側面もあります。このような時代に合ったサービス開発はもっと積極的に行うべきです。

杉浦　今のお客様は、ネットも含めてさまざまな情報入手チャネルを持っています。しかし、百貨店からの情報は買い物をすれば送られてくるけれど、何も買わなければ送られてきません。日常的なつながりが弱いのです。その中で、各百貨店がハウスカードで顧客分析をしています。そこから得られるのは購買履歴です。今の変化ではなく、過去を分析していることになります。

内野　だから、売れなくなるのです。その原因も分析していないから、ＭＤも前年踏襲型になってしまう。購買分析はしていても、非購買分析と購買予測分析がないのです。以前の百貨店は、そこまで徹底していました。また、今のお客様は複数の百貨店のハウスカードを持っていて、使い分けをしています。そのうえ、ポイントが多くつく時に利用しています。ならば、ポイントなど止めてしまったほうがいいのではないかとも思えてきてしまいます。質の高い商品を定価できちんと売ったほうがいいと私は思います。

よく消費の２極分化と言いますが、みんなが安い価格へ流れ、高級品を指向する小売業がなくなってしまいました。これは百貨店の担当分野だと思うのですが。１００万円のセーターがあったっていいじゃないですか。質の高いモノを欲している、購買力もあるお客様は確実にいるのですから。

そういう商品を百貨店は売れないのかと言えば、今も特に外商は売れる顧客基盤を持っているのです。最高級のモノを自分たちで作って売るということを指向しなくなってしまっただけなんですね。物づくりをメーカーに丸投げして、売れ残ったら引き取ってもらう。そんな取引に甘んじていては、メーカーも小売りも、さらには優良なお客様も育ちません。

百貨店が協働したＥコマース

内野　今の百貨店が一番いけないのは、スピード感と規模の論理が抜けてしまっていることです。これだけＥコマースが伸びているのに、百貨店が依然出遅れているのはその証左だと思います。ゾゾタウンや楽天など、プラットフォームをつくった企業だけが勝ち組になっています。なぜアパレル各社と組んでＥコマースをやろうとする百貨店がないのでしょうか。

杉浦　プラットフォーム企業は、利便性を高めるなど具体的な努力の積み重ねをしてきたから、消費者がついてきたのだと思います。それと同じレベルのことに百貨店とメーカーが協働して取り組む必要があります。そのキーとなるのが、日本百貨店協会だと思います。

内野　中国のアリババは1日で1兆7500億円を売り上げています。その金額を聞くと一般の企業であれば、受注はどうしているのか、物流はどうしているのかといったことを考えますが、日本の百貨店はそういうことすら考えません。すべてメーカーがやればいいと考えてしまう。

例えば、日本百貨店協会がサイトを立ち上げて、各メーカーの商品を掲載し、各百貨店が掲載商品を店頭展開して、受注や返品、問い合わせの窓口になる。販売はサイトで行い、利益はみんなで分配する。そういう仕組みをつくる必要があります。

杉浦　大きい海をつくることが大切ですね。現在、百貨店の衣料品の年間売上高は2兆数千億円ですが、その10％程度をEコマースにするという意気込みを持つべきだと思います。ところが、現状のEコマースの売上高は、カタログ販売を含めても200億～300億円です。さまざまな商業施設がある中で、百貨店は他と差別化された衣料を扱っているのですから、それをEコマースでも売れるようにしようと日本百貨店協会に提言しています。現在の北米のように小売業の年間売上高の3割は難しいとしても、2割できたとしてもすごいことです。

内野　そういう現実を知らず、ケータイを電話としか思っていなかったりする役員クラスのEコマースに対する認識の低さが気になります。知識がないことや新しいことを理解しようとしていません。

それに対して、セレクトショップは在庫をネットに掲載して、どこの店に何があるのか、お客様に分かるようにしています。全在庫を店頭には出し切れないから、そうしているのです。今や、あらゆる業界がネットで買われたモノを宅配し、修理も受け付けている時代です。にもかかわらず、百貨店のネット販売は、伊勢丹でも100億円未満、高島屋は他に先駆けて取り組んだのに17年の目標が１３０億円となっています。

ブランドの総合力を磨く

内野　お客様の目が肥え、ネット販売が伸びている中で、消費を喚起するためには何が重要だと思いますか。

杉浦　総合力しかないと思っています。人は服を買いたいし、格好良くなりたいものです。女性は男性に、男性は女性にもてたい。自分を華やかにしたいという欲求は、その度合いは大小あれ、誰でも持っています。だからこそ、そこをくすぐる提案が大事だとか、トラッドでも少しモードを入れるのが今風だとか、いろいろと言われます。しかし好みや個性は人それぞれにあり、それは時々の気分によっても変わるので、万人に適しているものは特定できません。だからこそ、お客様と向き合い、自社ならではの特徴ある商品を提案していくことが大切です。

なかでも男性はサイズが重要な要素だと思っています。特に中国や日本やアセアンの人たちにはサイズが大事だと思うのです。そういうことも含めて総合的に考えてブランディングしていく必要があります。

モノが良いことは必須ですが、今はそのうえで、売る人も良くて、価格も適正で、なおかつ知名度があるとかコーマシャルベースに載っていることが大事です。このような総合力は、ブランドを運営する人たちがチームとして機能していないと生まれません。だからこそ、ディレクションが必要なのです。ディレクターの存在なしに、国内アパレルのブランディングは難しいと思います。

内野　だから、本国でもあまり知られていないブランドを買ってきて、日本で展開したら失敗したというケースが依然あるのです。とはいえ、方法としてはライセンスを選ぶか、ディレクションを採用するかしか見当たりません。実際のところ、コーディネーターとディレクターで方向性を決めて現場に指示したほうが、企画はスムーズに動きます。その意味でディレクターという存在は大切ですが、そのコンセプトを実現できる開発力を備えていることもまた必須になります。

杉浦　当社の強みはパタンナーがたくさんいることです。彼らは工業技術をつくってきたんですね。国内に自社工場があるので、パタンナーと工場が連携して、さまざまな技術を開発してきました。また、服づくりの元になる生地台帳や付属台帳なども残っています。これらは他社にはない特徴です。

物づくりを依頼されて、自社で一からモノを作れるメーカーが少なくなったと思うのです。この10年ほどアパレル業界は中国を中心にOEMやODMを活発に行ってきて、何も残っていないというか。今改めて自前で物づくりをしようという動きが出てきていますが、当社はずっと国内生産50％でやってきたので、国内の工場をもっと磨いていきたい。

以前、「ミスター・サンヨー」を作っていた時代に、加工糸などのスーツづくりを磨いていけばもっと良いモノができると思っていました。その時に、合繊メーカーが国内アパレルから離れていったんですね。当時の合繊メーカーは、どちらかと言うと欧米のアパレルやスポーツ、自動車など大きなロットに目が向いていました。その合繊メーカーから今改めて、「こういうのをやろう」「こういうのができたよ」と声をかけていただけるようになっています。国内生産を続け、技術を磨いてきたからです。北米などはメード・イン・USAを推奨していますが、日本もそうなるべきだと思います。

内野　物づくりに対する真摯な姿勢を感じます。それは確たる理念があるからだと思うのです。

杉浦　設立60年を迎えたことを機に、2004年に『SANYO DNA』という社史を作りました。自社のルーツや歴史を社員に伝え、共有していくための記録です。そこには物づくりに対する創業者の哲学が記録されています。しかしその10年後、社員の意識に変化が起こっていました。2000年代になったのだから「SANY

O」というネーミングも見直したほうがいいという声が挙がったのです。自分たちのDNAなんだから「SANYO」でいいと私は思っていたので、押し通したことがありました。

内野　同様の経験が私にもあります。高島屋は「マルタカ」がトレードマークですが、今時ダサいという意見が増えた時期があったのです。これからは横文字の「TAKASHIMAYA」の時代だと言うんですね。猛反対しました。お客様にとってはマルタカがブランドであり、それでないと高島屋が歴史の中で築いてきた価値が薄まってしまうからです。

杉浦　当社の場合は、「SANYO」を残すだけでなく、そこに私たちの原点と方向性を示す標語を添えました。「SANYO」の下に「TIMELESS WORK.」という英語の標語を入れ、「ほんとうによいものをつくろう。」という日本語で思いを表現したのです。

自分たちで本物を作って提供していくという意志の表明でもあります。ライセンスも一つの方法ですが、私は三陽商会が作っているブランドで品質が良いから買うと言われたほうがうれしいからです。

内野　物づくりに対する真摯な姿勢、Eコマースへの前向きな考え方と取り組みなど勇気を与えられるお話をうかがえました。ありがとうございました。

Part Ⅲ

小売業としての百貨店の役割に立脚し、価値を正しく伝えて市場を創る

大西 洋氏
三越伊勢丹ホールディングス社長

Profile ／おおにし・ひろし
慶應義塾大学商学部卒業後、１９７９年、株式会社伊勢丹入社。入社以来、紳士部門を歩んだ後、伊勢丹立川店長、三越ＭＤ統括部長を歴任。２００９年、伊勢丹社長執行役員、12 年から現職。

購入チャネルとニーズの多様化

内野　モノが売れないのは経済要因よりも消費者の変化が大きな要因ではないかと思いますが、大西さんはどうお考えですか。

大西　小売業の総売上額は約３００兆円とされますが、この数字にあまり変動はありません。そのうち、主要業態は百数十兆円を占めますが、これもリーマンショックの前も後もあまり変わっていません。

消費者は買い物をしていないわけではなく、買う場が変わってきている、つまり購買チャネルが多様化したのです。象徴的な例として、Ｅコマースの市場が十数兆円に拡大した一方、リアル店舗の売り上げが減っていることがあります。

小売総額が変わらずリアル店舗の売り上げが減っているのは、やはりお客様のご要望にお応えできていないからなのかなと思います。かつては欲しいモノがあると「どうしても買う」と行動を起こしていましたが、今はモノそのものが以前ほど売れていません。それでも小売総額が変わっていないのは、そこにコトの消費も入っているからです。モノからコトへのシフトという意味で、ニーズが大きく変わりました。

また、この20年位はデフレで、お客様は価格にシビアになりました。最も敏感に反応してきたのが中間層です。政府がインフレ政策を打っても、中間層の消費行動はあまり変わっていません。それに対して、富裕層は価値に対するバランス感覚を持っていて、良いモノを正しく提案できれば反応してくださいます。難しいのが若い世代です。生まれたときからインターネット社会にあり、リアルな店舗で買うという発想が非常に薄くなっています。実際、百貨店に限って言えば20代のシェアは減っていて、最も大きな課題となっています。

内野　若い世代は、特に自分のライフスタイルにこだわって消費すると言われていますが。

大西　しかし現実的に、自分のライフスタイルをしっかりと持って消費をしている人がたくさんいるのかというと、まだそうでもなく、重視しているのは自分のテイストです。テイストに合わないモノは買わない。消費者が完全にライフスタイル型になったら、大手小売業はもっとライフスタイル型の店づくりをしなければいけません。しかし、それではお客様のニーズに必ずしも合わなくなってしまうという微妙な時期にあります。

問題なのは、衣料品に対するニーズが減っていることです。同じ価格であれば、アクセサリーやバッグ、靴を買う。これは何とかしなければいけません。

内野　ファッションが消費の主力でなくなる一方、雑貨は消耗品だから買い替えるものという意識がまだ強いのかもしれません。

大西　何かモノを買おうと思って流通業に行っていた時間やお金が、おしゃれなカフェやレストラン、あるいは旅行などに使われるようになった。そういう消費行動に変わってきたのだと思います。

内野　ネットの増大もありますね。当初はネットで洋服は売れないと言われました。サイズがあるんだからと。でも、そうはなりませんでした。何しろ店頭でモノを探す時間より短く済み、返品もできるわけですから。価格面で見ても、ファストファッションの店舗へ行って服を買って、途中でお茶や食事をして、家に帰って来て、「安く買えたね」と思っても１日のトータルでは結構お金を使っている。そういうことも考えると、買い物を楽しめる私たちの年代はまだしも、若い人たちは以前のようにリアル店舗を重視しないでしょう。

大切なのは価値と価格のバランス

大西　デフレが続く中でファストファッションが拡大し、価格競争が激化しました。その間、私たちが一貫してきたことは、プライスラインを絶対に下げない、ということです。

価格はあくまでも価値とのバランスで決まります。その商品にお客様が納得できる価値があるかどうか。安い高いというよりも、価値と価格に対するお客様の見方がとても厳しくなったのだと思います。ユニクロの商品も、お客様は安いから買うというより、あの価格だから納得できるのです。例えばダウンジャケットが５千～６千円で買うことができればお得だし、それは百貨店には作れません。小売業としての自社の役割は何か、そしてバリューとプライスのバランスがすべてだと思います。

内野　百貨店の主要顧客層は中間層から上層ですが、経済が良くなれば高額品は復活すると思いますか。

大西　日本の個人金融資産は１７００兆円にも上ります。富裕層がお金を使う環境をつくっていけば、今以上に良いモノが売れていくと思います。単に高価であればいいということではなく、本当に良いモノが売れていく土壌はまだあると考えています。

内野　そのニーズに対して、百貨店はどんな役割を果たしていけるのでしょうか。

大西　百貨店は万人に受け入れていただくべき業態なので、誰がターゲットとは言えません。そうは言っても店づくりにおいては顧客ターゲットを設定する必要があり、中間層より上の人たちに購買していただけるのが百貨店の役割と認識しています。中間層のプライスラインは変わらないので、そこにどれだけの付加価値をつけて提案できるか。今までは中間層のプライスラインが30～35％のシェアで真ん中にあって、その上下が構成されていました。今後のマーケットは、中間層を軸としながら、上は70～80％、下は20～30％を目安に創っていく必要があると考えています。

内野　「安くしても売れない」ということの現象をどう分析なさいますか。一つは、他のチャネルで買っていることがありますよね。ネットないしは専門店です。もう一つは、必要のないモノは買わなくなったこと。以前は、安くなればとりあえずは買っておくという需要がありましたが、今はありません。中高年のお客様も「とりあえず」はないような感じがします。

大西　やはり、価値を見出せるモノでないとお買い上げいただけないということだと思います。価格を安くして売るということは本来、何なのか。プロパー商品を限られた時期だけ2割引や3割引にして、既存のお客様に対してのインセンティブとして行うものです。まったく新しい商品を揃えて、いわゆるバーゲンハンターのような方々にマーケットを求めること自体が、百貨店の顧客設定から外れています。

当社としてはバーゲンを止めて、クリアランスを1週間実施し、プロパー商品を買ってくださっているお客様が、シーズンが終わって割引価格で買えるようにしました。地方の店も同じ考え方でいいと思っています。

内野　バブル期などはバーゲン用に商品を仕入れていましたからね。バーゲンは売り上げが大きいので、それ用に予算を組んで、バーゲンハンターを集客すればいいという考え方でした。それでは駄目で、モノはやはり真摯に作って、売っていくことが大切です。

大西　そうしないと、普段の商品に対する信頼感が落ちていってしまいます。

内野　今、モノが売れないのは、それも原因です。待っていれば値段が下がるから、普段買わなくなるのです。

アメリカのサックス・フィフス・アベニューは、顧客の顔を想定して商品を仕入れることを原則としていて、まるで専門店のようです。完全買い取りで3分の1を定価で売った後はすべて利益ということです。だらだらとバーゲンをしても、お客様は反応しないのだそうです。バーゲンよりも、定価であっても良い商品や新しい商品をお客様は望んでいると認識すべきですね。

昔のことですが、サックス・フィフス・アベニューのバイヤーに日本ではどうやってバーゲンをやるのかと尋ねられ、バーゲン用の商品を仕入れていると答えたら、バーゲンは処分じゃないのかと言われました。でも、アメリカにはない発想だから、やってみようかとも（笑）。アメリカではバーゲン品を作っているメーカーがない、言い換えれば自店のお客様が明確になっているということです。

大西　自店のお客様を明確にする必要があ

るからこそ、バーゲンは棲み分けをしながら、止めていくことが正しいあり方だと考えています。

自分たちで作って売る

内野　今後、どのような消費行動が想定されるでしょうか。成熟社会における消費の特徴とは何か、消費者は何に最も気を遣っているのか。その中で、小売業は何を提案していくべきなのか。

大西　今、海外の人たちが日本人以上に日本のプロダクトを評価しています。安心安全でクオリティーが高いという認識が強くあるので、価値のあるモノがまず消費者の購買基準になっていくと捉えています。価格も大切ですが、消費行動の一番のきっかけとなるファクターは、品質や価値。特に百貨店の場合は、そこをメーンにしていかなければいけないと思います。

内野　三越伊勢丹グループではカナダのワークブーツブランド「バルボ」と提携した商品を展開していますが、すごく良いですね。

大西　成功事例の一つです。バルボが売れている理由も、価値と価格のバランスです。当社の商品はラグジュアリーだと30万～40万円が中心で、日本のナショナルブランドでは10万円位のものも揃えています。20万円台で価値とのバランスを備えた商品が少なかったので、そこにぴたりとはまった恰好です。

内野　丸和繊維工業のメンズシャツなどは、気づいて驚く人もいるのではないですか。価格も1万6千円とリーズナブルです。海外で買えば10万円以上になります。このようなブランドの商品を扱っていることは、もっと謳って広く知らせたほうがいいと思いました。

大西　「ジャパン・センスィズ」の代表例としていくつかの商品をプレゼンテーションしているところなのですが、まだまだ紹介できていない商品があります。そういう商品を海外ブランドで作ると、価格の桁が変わってしまうんですね。それを日本のお客様が買うというのはおかしいことですし、そうしないことが私たちの責任だと思うのです。

内野　日本のプロダクトは良いと誰もが言いますが、どこに何があるのかが意外と見えていません。すでに著名な産地の商品だけではMDとして話になりません。御社は物づくりから産地や作り手と取り組んで、店頭で提案しています。今後はどうされるお考えですか。

大西　この4年間、仕入構造改革として、自分たちでモノを作って、自分たちで売ることに取り組んできました。オリジナル比率が15％程度になり、今後はスピードアップして25％位までもっていきたいと考えています。ただ、ここへきてアパレルが厳しい状況です。大手アパレルが商品供給を少なくしてしまうと、支店や地方店は成り立たなくなってしまいます。そうならないために、本社商品統括部内に卸機能を設け、支店と地方店に商品を卸す仕組みを作ります。本社が商品を作って在庫責任を持ち、支店と地方店が売るという仕組みです。卸比率を40～50％程度にしていきたいと考えています。

　今は支店と地方店が買い取って、在庫も彼らの責任になっています。しかし、それでは仕入れも販売も減ってしまうため、これをすべて本部で調整するのです。本部で商品をコントロールすることで、オリジナル比率の向上をスピードアップしていく考えです。

内野　アパレルとの棲み分けも必要になりますね。

大西　アパレル各社とコラボレーションをしながら、今までのサプライチェーンの無駄をなくしていきます。私たちがすべてをできるわけではないので、サプライチェーンのロス部分を減らして、助けてもらうところは助けてもらう。すでに14年からオンワード樫山さんと提携して商品の共同開発を行っています。同社の海外工場やノウハウを使わせていただいて一緒に物づくりをしています。

内野　こんなことがありました。御社のオリジナル商品である「オンリー・アイ（当時）」が年間８００億円を上げていた頃、高島屋のオリジナル商品の売り上げは1億円程度でした。それで物づくりに力を入れることになったのですが、どうやって作ればいいのか分からなかったんですね。バイヤーはいても消化仕入れしかやってこなかったからです。メーカーへ行って、「何か売れるモノはないか、買い取るから」となってしまう。どうやって作ればよいか。どうやったら作れるのか。バイヤーが原価計算すらできないのでショックを受けました。物づくりは口で言うのは簡単ですが、難しさを実感しました。

大西　物づくりは楽をすればするほど利益がなくなっていくので、本当に簡単ではありません。当社ではオリジナル化を進めて4年が経ち、定番商品が明確になってきました。消化率は95％程度で利益も取れているので、今後は定番を一気に増やしていきます。

内野　私が高島屋にいた頃はそういうおいしいところ、つまり定番の色とサイズはメーカーが売って、提案色としての挿し色を買い取っていました。

例えば、「デコロ」というカシミヤのブランドでは、グレーと黒とベージュが売れ筋だったのですが、これはメーカーが売る。紫やケリーグリーンなどは高島屋が売るのですが、その在庫が山積してしまったのです。その失敗経験から、絶対にモノを作ってはいけないという不文律が10年間ほどあったぐらいです。

大西　アパレルが現在の状態を続けていけば、自分たちでモノを作るしかありません。あとは海外ブランドを広げるか。選択肢は二つしかなくなってしまいます。

内野　そういう危機感を持った仕入れの部長クラスが、今の百貨店には少ないんですね。だから、Aというブランドが駄目ならB、Cに替えるという考え方になってしまうのです。また、専門店メーカーと百貨店メーカーの境がなくなって20年ほどでしょうか。今はGMSブランドと百貨店ブランドの仕切りがなくなってきています。となると、数を作れて閑散期に工場を回してくれる大量生産・大量販売のほうがいいということになるわけです。でも、百貨店がそれをやっても利益は取れません。

販売員が店の優劣を決める

内野　モノの良さはもちろん大切ですが、それを提案する人はさらに重要です。先日も靴下を探しに伊勢丹新宿本店に行ったのですが、女性販売員の接客がすごく良かったんですね。用途の確認、商品の説明、流行など、気軽なやりとりの中で必要な情報を提供してくれました。私が「ビジネスで目上の人に会うので」と告げると、「ビジネスならば無地で。ネクタイは何をお締めですか」と自分の担当ではないのにネクタイを探しに行き、「これが一番良いと思います」と鏡の前でネクタイのタッチまでしてくれました。

大西　今はお客様が商品のことをよく分かっているので、販売員はお客様以上に知識を持っていないといけません。ただし、肌着についてはお客様が自分で選ぶケースが多く、会話が難しい商品です。よりお客様のお役に立つ接客をしようと、今年4月から対応を強化しました。アシスタントセールスマネジャーの女性をつけたのです。

彼女はメンズ館で最も優秀な販売員でした。そのスキルを生かそうと、三越との統合時に日本橋店のメンズカジュアルを担当させたところ、三越のスタッフがどんどん育っていきました。マネジャーやアシスタントの女性は、販売力や接客力はもちろん、店づくりや展開の基本、売り上げが悪ければしっかりとしたウィルをもって店頭を動かせる人でなければなりません。そういう「人財」を意識的に今、各お買い場の担当者にしています。

内野　MDだけが小売業の優劣を決める時代は終わり、販売員こそが店の優劣を決める時代になったと思うのです。今後の人口減少も考えると、入店客数が減り、お客様の要求レベルはどんどん高くなってくることが想定されます。よりパーソナルな提案や対応が大事になってくるときに、1千人も集めて行う接客研修など意味がありません。しかも、昇給はペーパーテストだけなので、優秀な販売員はどんどん辞めてしまう。学歴でモノが売れるなら、全員国立大出身者にすればよいということになってしまいます。

大西　当社では4年前、高卒や短大卒で入社し、現場で活躍してきた40～45歳位の人たちに対する試験の評価基準を改めました。そういう人たちの多くが今、新宿本店でトップクラスのマネジャーになっています。何で今まで試験で落としていたのかということです。

内野　御社では販売員に対するインセンティブを業界で初めて導入しました。これは教育面も含めてかなりの効果が出てくると思います。

大西　後戻りしないで実行するという考えです。人を減らして面積効率を高めれば生産性は上がるのですが、それだけを目指しているわけではありません。お客様にどれだけご満足を実感していただけるかが、私たちのミッションです。そのためには、販売員個人のモチベーションや資質を高めていく必要があります。そこで販売専任職を復活させ、個人の成果に応じて給与をプラスできる仕組みを始めたのです。この対象を広げたコミッション制を今年4月に導入しました。まずはオリジナル商品にかかわる分野で利益を分配する仕組みを作っていきます。

インバウンド対応と売り場づくり

内野　訪日外国人が急増し、百貨店各社も対応を強めています。しかし、昨年まで騒がれた爆買いが今年に入って一服するなど、インバウンドによる買い物も変化してきています。今後の対応についてどのように考えていますか。

大西　社内的にはインバウンドに数値目標は持たないようにと言っています。店づくりにおいては、中心顧客を設定して、その方々の関心度の高い分野から順番に大分類をつくっていきます。百貨店の大分類では、一番に食品があって、婦人服、雑貨、紳士、リビング、ベビー・子供と続きます。このうち売り上げ構成比が10％を超えるのは、食品と婦人服と婦人雑貨でしょうか。1フロアないしは2フロアの売り上げに相当します。

銀座店は一時期、インバウンド売り上げが23％にまでなりましたが、数値目標を持つと大分類まで外国人用の店づくりをしないと失礼ではないかと思います。インバウンド比率が25％ならば、2フロアを外国人向けにつくらないと、私たちのミッションとの整合性がとれなくなってしまう。ただ日本人のお客様への対応を考えると、現実的にはそこまではしたくないわけです。そこで8階に空港型市中免税店を開設しました。

その中で、日本人のお客様からのクレームを受けることがあります。誰に対して店をやっているんだ、誰に対してモノを売っているんだと。誰であろうとお客様なので、私たちは心からおもてなしをします。とはいえ、外国人と日本人では文化も習慣も異なるため、できる限り分けて応対するしかないのが現状です。

ITを生かした新ビジネスモデル

内野　御社は昨年、シリコンバレーのITベンチャー企業に出資しました。これは日本の百貨店で最も進んだ取り組みと私は捉えています。

大西　Eコマースの国内市場規模は今、14兆～15兆円になっています。アメリカの例を見れば、すぐに20兆～25兆円へと拡大していくと思います。そうするとリアル店舗から売り上げが流れていくことになるので、リアル店舗のメリットをもっと生かしていく必要があります。とは言ってもEコマースは間違いなく伸びるので、私たちもそこに入っていくしかありません。そこで今回のIT企業への出資があります。

目的の一つは、百貨店Eコマースの開発です。昨年から別組織で再始動しました。

専用倉庫もつくってＳＫＵは5万から30万へ、１００億円だった売り上げは30％増で推移しています。今年6月に、ラグジュアリーなど本当に良いモノだけを集積した三越伊勢丹のサイトを、自分たちでフォーマットを作って、既存サイトとは別に立ち上げました。商品リスクをすべて自分たちで持って、一つひとつの商品に長く継続的に取り組むことを主眼にしています。

もう一つは、ＩＴ企業と協働して新しいビジネスモデルをつくっていきたい。その一環で、デジタルとファッションを掛け合わせて、アメリカで流行ってきている「デコーデッドファッション」のイベントを毎年開催しています。新宿本店を中心に開催しているのですが、ＩＴ業界からかなりの反応があります。試行錯誤しながら、ビジネスモデルとして具体化したい。

内野　Ｅコマースについては商社の動きが活発化しています。中国の通販会社などと組み、上海や北京の特区を活用して通販チャネルを開拓する動きです。日本製品を日本から直で中国に送れて売れるという仕組みをつくっています。日本製品をネット上で安く買えて短納期なうえ、特区では関税もゼロになります。

ものすごく画期的なことなのですが、日本の小売業界はあまり騒いでいません。上海では1兆7千億円もかけて日本製品だけの特区をつくるというのに、です。

百貨店の取り組みを点から面へ

内野　リアル店舗の現状と課題について。伊勢丹新宿本店では「世界最高のファッションミュージアム」がコンセプトの「ＴＯＫＹＯ解放区」や、百貨店セレクトショップの先駆け「リ・スタイル」など、壁のない売り場をつくってきました。今後、どのようなことに取り組んでいこうとお考えですか。

大西　伊勢丹新宿本店は高い評価をいただいているのですが、その良さを他の店舗に波及させていくには課題があります。編集平場をつくるためにリモデルしても、ブランドを入れ替えただけに近い状態になっている店舗もあります。伊勢丹新宿本店はもっと平場化していきますが、これを当社の方向性として他の店舗でも実現していかなくてはいけません。

物づくりとまったく同じです。自分たちのコンセプト、自分たちのテイストでモノを作るのであれば、自分たち独自の展開分類をつくる必要があります。最旬のファッションを提案する「ザ・ステージ」や、コトを発信するプロモーションスペース「パーク」を、もっと日本の若手デザイナーを育てることに役立てていくとか、平場展開につなげていくとか。そうやって独自性の高い平場をつくり、それがそのままネット上に広がっていくようなイメージです。いろいろトライアルしているのですが、今はそれぞれが点の取り組みで、面に広がっていません。

壁のない売り場展開については、必ずしも正しいとは思っていません。お客様の関心度によります。伊勢丹新宿本店はできる限りそちらの方向でいったほうがいいと考えていますが、他の店舗については以前ほど固執していません。

内野　最後になりますが、百貨店に未来はあると考えていますか。

大西　企業単位での再生はできると思いますが、地方店を含め百貨店全体が復活するためには日本百貨店協会の方向や仕組みを見直していくことも大事だと思います。

内野　昔の話ですが、百貨店各社がそれぞれに玩具メーカーから資金を出してもらってカタログを作った時期がありましたよね。こんな無駄なことはないと、日本百貨店協会が共通のカタログを作りました。同じカタログを使って百貨店各社がキャンペーンに取り組んだ結果、売り上げが3カ月続けて15％伸びて、メーカーにすごく喜ばれたことがありました。そういう取り組みが今、求められていると思うのです。

大西　それと同様な考え方でEコマースが実現できたとしたら、大手のナショナルブランドはものすごく助かると思います。

内野　同感です。貴重なご意見、ありがとうございました。

あとがき

日本が初めて経験する新消費時代の幕開けに気づいている小売業は、今のところ、残念ながら少ないとしか言えません。明治維新の時に「今は明治維新だ」と言った人がいなかったのと同様に、あと30年も経った頃に「あの時は日本の小売り史上、未曽有の時代だったね」と言われる時代が今だと思います。

私たちは、未曾有の不景気のもと、戦後初めてのデフレ、さらに3・11という大災害も経験しました。こんな時代に、従来通りの小売業が通用するはずもありません。一刻も早い対応が望まれます。それは時代を知り消費者の変化を確実に捉えることから始まると、本書では説いてきました。

現在の百貨店は消費者の声に耳を傾けず、株主にのみ耳を傾けていないでしょうか。近代経営では株主こそが会社のステークホルダーとして最重要地位にいるとされます。しかし、船やビルを造っている企業ならそうとも言えますが、小売業にとって最も大切な存在はお客様です。お客様とは「目の前で商品をお買い上げいただく方」を指します。その目の前のお客様に仕えてこそ小売りの本分と固く信じています。小売業ですから利益を求めるのは当然ですが、半年や1年で出資した分の利益を回収しようとする、「商売を金儲けとしか見ない」考え方は、小売業にはどうしても馴染みません。小売業だからこそ金儲けに邁進すべきと説く人もいますが、短絡的かつ短期で考えるのは商売ではなく「投機」であり、根本的に百貨店とは馴染まない考え方だと思います。長くお客様とお付き合いしてこそ百貨店の存在意義はあり、小売業の王者に君臨し得るのだと思います。

百貨店が不調を続けている真の原因は、実はそこにあるのかもしれません。百貨店は、消費文化の守護者として消費者の生活の向上を支え、日本の物づくりを鍛え、新しい知識を社会に広めてきました。単なる利益追求ではなく、日本の消費者がより良い生活を実現するために頑張ってきたのです。

百貨店の復権は、百貨店が再びこの王道に戻り、真に消費者の生活向上と文化保護のために全力を尽くすことでしか果たし得ないと思います。目先の利益に惑わされず、真に存在意義を再確認し、道理に沿って消費者のために尽くすことです。百貨店はもう一度誇りを持って立ち上がってほしいと思います。

百貨店には無限の可能性を秘める「人的資源」がたくさん存在します。この資源をいかに有効に活用するか、いかに自覚と自信を持つか、は永遠の大きな課題です。上から言われるままに言われたことだけをやるという、受動的な行動は止めにしてほしいと思います。上層部が考えたことをきちんと現場サイドの視点で捉え、お客様にとって何が一番重要なのかを上層部に伝えるべきです。百貨店は上層部から現場まで、全員がお客様第一とは何かを常に考え、行動すべき職業なのです。

百貨店にかかわるすべてのみなさん、日本の小売り史上、類を見ない長きにわたって消費者をリードし、啓発し、そして消費者とともにあることで成長を続けてきた百貨店を再生させるのは、あなた方です。

商品を納品してくれるメーカーの皆様、お客様に満足と期待を運ぶ販売員の皆様、売り場がきれいでお客様が気持ち良く買い物ができるよう見えないところで掃除をしてくれている作業員の皆様、食堂で心もお腹も満足させるべくテキパキと接客されている接客員の皆様、安全第一でお客様の車がスムーズに停められるよう黙々と気を配る駐車場の皆様……一人ひとりが、どこの部署の、誰が抜けても百貨店は成り立たないのです。

日本の心である「おもてなし」を一番初めに掲げ、消費文化を護り、育成してきた百貨店を、次世代へぜひつないでいただきたいと思います。すべての百貨店関係者に心よりお願いする次第です。本書がそのための一助になれば、小売業に長く携わった者として望外の喜びです。

四十数年にわたる小売り商売において、物づくりにかかわるあらゆることを教えてくださった村岡康二氏に特別の感謝を捧げます。

２０１６年11月　クーデター倶楽部議長　内野幸夫

お客様、閉店です。

今ここから始まる新創開店

2016年12月22日　初版 第1刷発行

著　者　内野　幸夫

発行者　佐々木　幸二

発行所　繊研新聞社

〒103−0015 東京都中央区日本橋箱崎町31−4 箱崎314ビル

TEL 03（3661）3681　FAX 03（3666）4236

制　作　スタジオスフィア

印刷・製本　株式会社シナノパブリッシングプレス

ISBN978-4-88124-321-3 C3063